# 학습계획표

매일매일 공부하는 습관이 중요합니다.
쏙셈 학습 계획표를 활용하여 계산 실력을 체크해 보세요.

| 교과서 | 학습 내용 | 계획일 | | 학습일 | | 맞힌 개수 | 확인 체크 | |
|---|---|---|---|---|---|---|---|---|
| 연수의 혼합 계산 | ❶ 덧셈과 뺄셈이 섞여 있는 식 | 월 | 일 | 월 | 일 | /36 | ☐ | 1주 |
| | ❷ 곱셈과 나눗셈이 섞여 있는 식 | 월 | 일 | 월 | 일 | /36 | ☐ | |
| | ❸ 덧셈, 뺄셈, 곱셈이 섞여 있는 식 (1) | 월 | 일 | 월 | 일 | /36 | ☐ | |
| | ❹ 덧셈, 뺄셈, 곱셈이 섞여 있는 식 (2) | 월 | 일 | 월 | 일 | /36 | ☐ | |
| | ❺ 덧셈, 뺄셈, 나눗셈이 섞여 있는 식 (1) | 월 | 일 | 월 | 일 | /36 | ☐ | |
| | ❻ 덧셈, 뺄셈, 나눗셈이 섞여 있는 식 (2) | 월 | 일 | 월 | 일 | /36 | ☐ | |
| | ❼ 덧셈, 뺄셈, 곱셈, 나눗셈이 섞여 있는 식 (1) | 월 | 일 | 월 | 일 | /36 | ☐ | |
| | ❽ 덧셈, 뺄셈, 곱셈, 나눗셈이 섞여 있는 식 (2) | 월 | 일 | 월 | 일 | /36 | ☐ | 2주 |
| | ❾ 규칙을 찾아 계산하기 | 월 | 일 | 월 | 일 | /28 | ☐ | |
| | 단원 마무리 연산 | 월 | 일 | 월 | 일 | /47 | ☐ | |
| 약수와 배수 | ❶ 약수와 배수 | 월 | 일 | 월 | 일 | /34 | ☐ | |
| | ❷ 공약수와 최대공약수 | 월 | 일 | 월 | 일 | /24 | ☐ | |
| | ❸ 공배수와 최소공배수 | 월 | 일 | 월 | 일 | /24 | ☐ | 3주 |
| | ❹ 최대공약수 구하기 | 월 | 일 | 월 | 일 | /26 | ☐ | |
| | ❺ 최소공배수 구하기 | 월 | 일 | 월 | 일 | /26 | ☐ | |
| | 단원 마무리 연산 | 월 | 일 | 월 | 일 | /34 | ☐ | |
| | ❶ 크기가 같은 분수 만들기 | 월 | 일 | 월 | 일 | /38 | ☐ | 4주 |
| | ❷ 약분 | 월 | 일 | 월 | 일 | /38 | ☐ | |

# 쏙셈 1권 ~ 12권 구성 한눈에 보기

쏙셈은 교과서 모든 영역별 계산 문제를 학교 수업 차시에 맞춰 한 학기를
한 권으로 끝낼 수 있도록 구성하였습니다.

## 1권 초등 1-1

| 교과서 | 학습 내용 |
| --- | --- |
| 9까지의 수 | 9까지의 수 |
| | 9까지 수의 크기 비교 |
| 덧셈과 뺄셈 | 9까지의 수 모으기와 가르기 |
| | 합이 9까지인 수의 덧셈 |
| | 한 자리 수의 뺄셈 |
| 50까지의 수 | 50까지의 수 |
| | 19까지의 수 모으기와 가르기 |
| | 50까지 수의 크기 비교 |

## 2권 초등 1-2

| 교과서 | 학습 내용 |
| --- | --- |
| 100까지의 수 | 100까지의 수 |
| | 100까지 수의 크기 비교 |
| 덧셈과 뺄셈 | (두 자리 수)＋(한 자리 수) |
| | (두 자리 수)＋(두 자리 수) |
| | (두 자리 수)－(한 자리 수) |
| | (두 자리 수)－(두 자리 수) |
| 세 수의 덧셈과 뺄셈 | 세 수의 덧셈 |
| | 세 수의 뺄셈 |
| | 10을 만들어 더하기 |
| 덧셈구구와 뺄셈구구 | (몇)＋(몇)＝(십몇) |
| | (십몇)－(몇)＝(몇) |

## 3권 초등 2-1

| 교과서 | 학습 내용 |
| --- | --- |
| 세 자리 수 | 세 자리 수 |
| 덧셈과 뺄셈 | (두 자리 수)＋(한 자리 수) |
| | (두 자리 수)＋(두 자리 수) |
| | (두 자리 수)－(한 자리 수) |
| | (두 자리 수)－(두 자리 수) |
| | 덧셈과 뺄셈의 관계 |
| | 세 수의 계산 |
| 곱셈 | 곱셈식 |

## 4권 초등 2-2

| 교과서 | 학습 내용 |
| --- | --- |
| 네 자리 수 | 네 자리 수 |
| 곱셈구구 | 2~9의 단 곱셈구구 |
| | 1의 단 곱셈구구, 0의 곱 |
| | 곱셈표 |
| 길이 재기 | 길이의 합 |
| | 길이의 차 |
| 시각과 시간 | 시간 알아보기 |
| | 달력 알아보기 |

## 5권 초등 3-1

| 교과서 | 학습 내용 |
| --- | --- |
| 덧셈과 뺄셈 | (세 자리 수)＋(세 자리 수) |
| | (세 자리 수)－(세 자리 수) |
| 나눗셈 | 곱셈과 나눗셈의 관계 |
| | 곱셈구구로 나눗셈의 몫 구하기 |
| 곱셈 | (두 자리 수)×(한 자리 수) |
| 길이와 시간 | 시간의 합과 차 |

## 6권 초등 3-2

| 교과서 | 학습 내용 |
| --- | --- |
| 곱셈 | (세 자리 수)×(한 자리 수) |
| | (한 자리 수)×(두 자리 수) |
| | (두 자리 수)×(두 자리 수) |
| 나눗셈 | (몇십)÷(몇) / (몇십몇)÷(몇) |
| | (세 자리 수)÷(한 자리 수) |
| 분수 | 분수만큼은 얼마인지 알아보기 |
| | 분수의 크기 비교 |
| 들이와 무게 | 들이의 합과 차 |

## 7권 초등 4-1

| 교과서 | 학습 내용 |
|---|---|
| 큰 수 | 다섯 자리 수 |
| | 십만, 백만, 천만 |
| | 억, 조 |
| 각도 | 각도의 합 |
| | 각도의 차 |
| | 삼각형의 세 각의 크기의 합 |
| | 사각형의 네 각의 크기의 합 |
| 곱셈과 나눗셈 | (세 자리 수)×(두 자리 수) |
| | (두 자리 수)÷(두 자리 수) |
| | (세 자리 수)÷(두 자리 수) |

## 8권 초등 4-2

| 교과서 | 학습 내용 |
|---|---|
| | 무게의 합과 차 |
| 분수의 덧셈과 뺄셈 | 진분수의 합과 차 |
| | 대분수의 합과 차 |
| | (자연수)−(분수) |
| 소수의 덧셈과 뺄셈 | 소수의 덧셈 |
| | 소수의 뺄셈 |
| | 세 소수의 계산 |
| 삼각형~사각형 | 삼각형에서 각도 구하기 |
| | 수선에서 각도 구하기 |
| | 평행사변형과 마름모에서 각도 구하기 |

## 9권 초등 5-1

| 교과서 | 학습 내용 |
|---|---|
| 자연수의 혼합 계산 | 덧셈과 뺄셈, 곱셈과 나눗셈이 섞여 있는 식 |
| | 덧셈, 뺄셈, 곱셈, 나눗셈이 섞여 있는 식 |
| 약수와 배수 | 약수, 배수 |
| | 최대공약수, 최소공배수 |
| 약분과 통분 | 약분, 통분 |
| 분수의 덧셈과 뺄셈 | 분모가 다른 분수의 덧셈 |
| | 분모가 다른 분수의 뺄셈 |
| 다각형의 둘레와 넓이 | 정다각형, 사각형의 둘레 |
| | 직사각형의 넓이 |
| | 평행사변형, 삼각형, 마름모, 사다리꼴의 넓이 |

## 10권 초등 5-2

| 교과서 | 학습 내용 |
|---|---|
| 수의 범위와 어림하기 | 이상, 이하, 초과, 미만 |
| | 올림, 버림, 반올림 |
| 분수의 곱셈 | (분수)×(자연수) |
| | (자연수)×(분수) |
| | (분수)×(분수) |
| 소수의 곱셈 | (소수)×(자연수) |
| | (자연수)×(소수) |
| | (소수)×(소수) |
| 평균과 가능성 | 평균 구하기 |

## 11권 초등 6-1

| 교과서 | 학습 내용 |
|---|---|
| 분수의 나눗셈 | (자연수)÷(자연수)의 몫을 분수로 나타내기 |
| | (분수)÷(자연수) |
| 소수의 나눗셈 | (소수)÷(자연수) |
| | (자연수)÷(자연수) |
| 비와 비율 | 비, 비율 |
| | 백분율 |
| 직육면체의 겉넓이와 부피 | 직육면체, 정육면체의 겉넓이 |
| | 직육면체, 정육면체의 부피 |

## 12권 초등 6-2

| 교과서 | 학습 내용 |
|---|---|
| 분수의 나눗셈 | (진분수)÷(진분수) |
| | (자연수)÷(분수) |
| | (대분수)÷(대분수) |
| 소수의 나눗셈 | (소수)÷(소수) |
| | (자연수)÷(소수) |
| | 몫을 반올림하여 나타내기 |
| 비례식과 비례배분 | 비의 성질, 비례식의 성질 |
| | 비례배분 |
| 원의 넓이 | 지름, 반지름, 원주 |
| | 원의 넓이 |

*2015개정 교육과정이 2017학년도부터 학년별로 순차적으로 적용됩니다

| | 내용 | | | | | 점수 | | 주차 |
|---|---|---|---|---|---|---|---|---|
| 약분과 통분 | ❸ 통분 | 월 | 일 | 월 | 일 | /38 | ☐ | |
| | ❹ 두 분수의 크기 비교 | 월 | 일 | 월 | 일 | /44 | ☐ | |
| | ❺ 세 분수의 크기 비교 | 월 | 일 | 월 | 일 | /26 | ☐ | |
| | ❻ 분수와 소수의 크기 비교 | 월 | 일 | 월 | 일 | /46 | ☐ | |
| | 단원 마무리 연산 | 월 | 일 | 월 | 일 | /47 | ☐ | 5주 |
| 분수의 덧셈과 뺄셈 | ❶ 받아올림이 없는 진분수의 덧셈 (1) | 월 | 일 | 월 | 일 | /46 | ☐ | |
| | ❷ 받아올림이 없는 진분수의 덧셈 (2) | 월 | 일 | 월 | 일 | /44 | ☐ | |
| | ❸ 받아올림이 있는 진분수의 덧셈 (1) | 월 | 일 | 월 | 일 | /46 | ☐ | |
| | ❹ 받아올림이 있는 진분수의 덧셈 (2) | 월 | 일 | 월 | 일 | /46 | ☐ | |
| | ❺ 받아올림이 있는 진분수의 덧셈 (3) | 월 | 일 | 월 | 일 | /50 | ☐ | 6주 |
| | ❻ 받아올림이 없는 대분수의 덧셈 (1) | 월 | 일 | 월 | 일 | /46 | ☐ | |
| | ❼ 받아올림이 없는 대분수의 덧셈 (2) | 월 | 일 | 월 | 일 | /44 | ☐ | |
| | ❽ 받아올림이 있는 대분수의 덧셈 (1) | 월 | 일 | 월 | 일 | /46 | ☐ | |
| | ❾ 받아올림이 있는 대분수의 덧셈 (2) | 월 | 일 | 월 | 일 | /46 | ☐ | |
| | ❿ 받아올림이 있는 대분수의 덧셈 (3) | 월 | 일 | 월 | 일 | /50 | ☐ | 7주 |
| | ⓫ 진분수의 뺄셈 (1) | 월 | 일 | 월 | 일 | /44 | ☐ | |
| | ⓬ 진분수의 뺄셈 (2) | 월 | 일 | 월 | 일 | /46 | ☐ | |
| | ⓭ 받아내림이 없는 대분수의 뺄셈 (1) | 월 | 일 | 월 | 일 | /45 | ☐ | |
| | ⓮ 받아내림이 없는 대분수의 뺄셈 (2) | 월 | 일 | 월 | 일 | /46 | ☐ | |
| | ⓯ 받아내림이 있는 대분수의 뺄셈 (1) | 월 | 일 | 월 | 일 | /46 | ☐ | 8주 |
| | ⓰ 받아내림이 있는 대분수의 뺄셈 (2) | 월 | 일 | 월 | 일 | /46 | ☐ | |
| | ⓱ 받아내림이 있는 대분수의 뺄셈 (3) | 월 | 일 | 월 | 일 | /50 | ☐ | |
| | ⓲ 분수의 덧셈과 뺄셈 계산의 크기 비교 | 월 | 일 | 월 | 일 | /36 | ☐ | |
| | 단원 마무리 연산 | 월 | 일 | 월 | 일 | /51 | ☐ | |
| 다각형의 둘레와 넓이 | ❶ 정다각형의 둘레 | 월 | 일 | 월 | 일 | /32 | ☐ | 9주 |
| | ❷ 사각형의 둘레 | 월 | 일 | 월 | 일 | /30 | ☐ | |
| | ❸ 직사각형의 넓이 | 월 | 일 | 월 | 일 | /33 | ☐ | |
| | ❹ 평행사변형의 넓이 | 월 | 일 | 월 | 일 | /29 | ☐ | |
| | ❺ 삼각형의 넓이 | 월 | 일 | 월 | 일 | /29 | ☐ | |
| | ❻ 마름모의 넓이 | 월 | 일 | 월 | 일 | /29 | ☐ | 10주 |
| | ❼ 사다리꼴의 넓이 | 월 | 일 | 월 | 일 | /29 | ☐ | |
| | 단원 마무리 연산 | 월 | 일 | 월 | 일 | /33 | ☐ | |

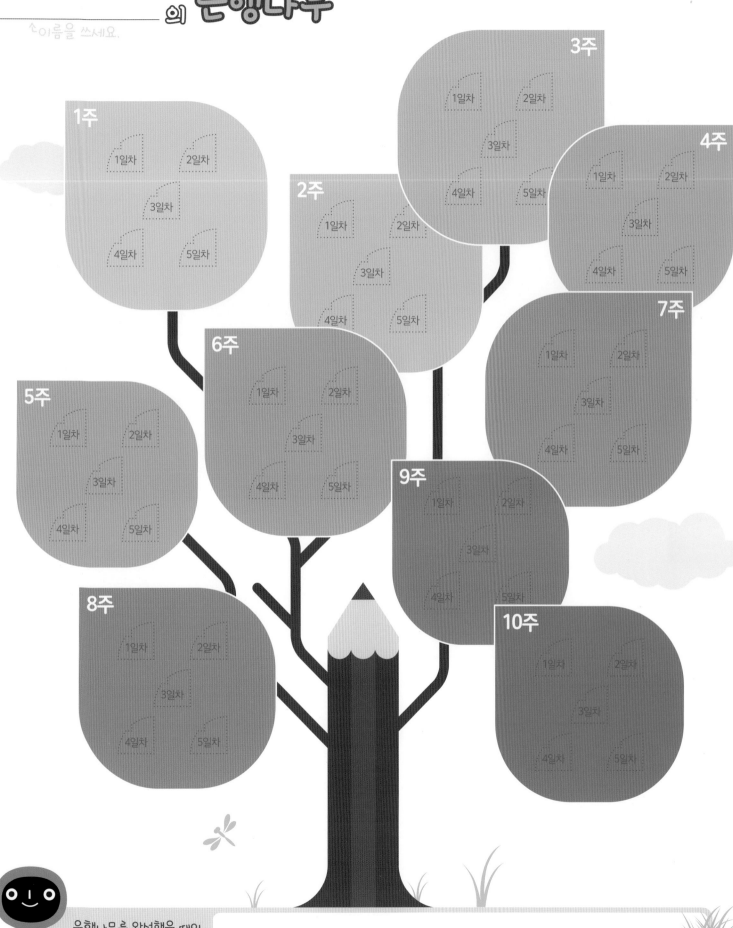

## 책상 앞에 붙여 놓고 다음과 같은 방법으로
## 은행나무를 키우세요.

① 하루 한 장 학습을 한 후 학습지의 1쪽 오른쪽
하단의 은행잎을 절취선을 따라 자릅니다.

② 잘라낸 은행잎을 학습한 주의 일차에 붙입니다.

③ 은행잎을 50장 다 붙이면 멋진 은행나무가 완성됩니다.

엄마쌤을 위한 쏙셈
# 활용 지도법

① 아이의 학습 시간, 학습 능력에 따라 학습 계획표를 조절해 주세요.
② 「이렇게 지도하세요!」의 학습 방법 및 주의 사항을 참조하여 지도해 주세요.

| 교과서 | 학습 내용 | 이렇게 지도하세요! | 표준 시간 | 지도 체크 | |
|---|---|---|---|---|---|
| 분수의 덧셈과 뺄셈 | ❸ 받아올림이 있는 진분수의 덧셈 (1) | 두 분수를 통분한 다음 통분한 분모는 그대로 두고 분자끼리 더해야 함을 반드시 숙지시킵니다. | 17분 | ☐ | 6주 |
| | ❹ 받아올림이 있는 진분수의 덧셈 (2) | | 17분 | ☐ | |
| | ❺ 받아올림이 있는 진분수의 덧셈 (3) | 두 분수를 통분한 다음 받아올림에 주의하여 계산하도록 반복 학습시킵니다. | 18분 | ☐ | |
| | ❻ 받아올림이 없는 대분수의 덧셈 (1) | 두 분수를 통분한 다음 자연수는 자연수끼리, 분수는 분수끼리 더해야 함을 설명합니다. | 20분 | ☐ | |
| | ❼ 받아올림이 없는 대분수의 덧셈 (2) | | 22분 | ☐ | |
| | ❽ 받아올림이 있는 대분수의 덧셈 (1) | 분수 부분의 합이 가분수가 되면 자연수에 1을 받아올림해야 함을 이해시킵니다. | 23분 | ☐ | 7주 |
| | ❾ 받아올림이 있는 대분수의 덧셈 (2) | | 23분 | ☐ | |
| | ❿ 받아올림이 있는 대분수의 덧셈 (3) | 두 분수를 통분한 다음 받아올림에 주의하여 계산하도록 반복 학습시킵니다. | 25분 | ☐ | |
| | ⓫ 진분수의 뺄셈 (1) | 두 분수를 통분한 다음 통분한 분모는 그대로 두고 분자끼리 빼야 함을 반드시 숙지시킵니다. | 17분 | ☐ | |
| | ⓬ 진분수의 뺄셈 (2) | | 18분 | ☐ | |
| | ⓭ 받아내림이 없는 대분수의 뺄셈 (1) | 두 분수를 통분한 다음 자연수는 자연수끼리, 분수는 분수끼리 빼야 함을 설명합니다. | 20분 | ☐ | |
| | ⓮ 받아내림이 없는 대분수의 뺄셈 (2) | | 21분 | ☐ | |
| | ⓯ 받아내림이 있는 대분수의 뺄셈 (1) | 분수 부분끼리 뺄 수 없을 때에는 자연수에서 1을 받아내림해야 함을 이해시킵니다. | 23분 | ☐ | 8주 |
| | ⓰ 받아내림이 있는 대분수의 뺄셈 (2) | | 23분 | ☐ | |
| | ⓱ 받아내림이 있는 대분수의 뺄셈 (3) | 두 분수를 통분한 다음 받아내림에 주의하여 계산하도록 반복 학습시킵니다. | 25분 | ☐ | |
| | ⓲ 분수의 덧셈과 뺄셈 계산의 크기 비교 | 분모가 다른 분수의 크기를 비교하려면 통분하여 비교해야 함을 반드시 숙지시킵니다. | 18분 | ☐ | |
| | 단원 마무리 연산 | | 26분 | ☐ | |
| 다각형의 둘레와 넓이 | ❶ 정다각형의 둘레 | 정다각형의 둘레를 구하는 방법을 이해하고 정다각형의 둘레를 실수 없이 구하도록 연습시킵니다. | 10분 | ☐ | 9주 |
| | ❷ 사각형의 둘레 | 사각형의 둘레를 구하는 방법을 이용하여 직사각형, 평행사변형, 마름모의 둘레를 실수 없이 구하도록 연습시킵니다. | 11분 | ☐ | |
| | ❸ 직사각형의 넓이 | 직사각형의 넓이를 구하는 방법을 이해하고 직사각형의 넓이를 실수 없이 구하도록 연습시킵니다. | 11분 | ☐ | |
| | ❹ 평행사변형의 넓이 | 평행사변형의 넓이를 구하는 방법을 이해하고 평행사변형의 넓이를 실수 없이 구하도록 연습시킵니다. | 11분 | ☐ | |
| | ❺ 삼각형의 넓이 | 삼각형의 밑변은 고정되어 있는 것이 아니므로 밑변이 정해지면 그에 따라 높이도 정해진다는 것을 이해시킵니다. | 11분 | ☐ | |
| | ❻ 마름모의 넓이 | 마름모의 넓이를 구하는 방법을 이해하고 마름모의 넓이를 실수 없이 구하도록 연습시킵니다. | 11분 | ☐ | 10주 |
| | ❼ 사다리꼴의 넓이 | 사다리꼴의 모양이 다르더라도 두 밑변의 길이의 합과 높이가 같으면 그 넓이는 같음을 설명합니다. | 12분 | ☐ | |
| | 단원 마무리 연산 | | 13분 | ☐ | |

## 엄마쌤을 위한 쏙셈
# 활용 지도법

① 아이의 학습 시간, 학습 능력에 따라 학습 계획표를 조절해 주세요.
② 「이렇게 지도하세요!」의 학습 방법 및 주의 사항을 참조하여 지도해 주세요.

| 교과서 | 학습 내용 | 이렇게 지도하세요! | 표준 시간 | 지도 체크 | |
|---|---|---|---|---|---|
| 자연수의 혼합 계산 | ❶ 덧셈과 뺄셈이 섞여 있는 식 | 사칙연산이 여러 번 있는 계산의 기초이므로 바르게 설명합니다. | 11분 | ☐ | 1주 |
| | ❷ 곱셈과 나눗셈이 섞여 있는 식 | 계산 순서를 이해하는 것이 중요하므로 반복 학습을 통해 숙지시킵니다. | 11분 | ☐ | |
| | ❸ 덧셈, 뺄셈, 곱셈이 섞여 있는 식 (1) | 곱셈이 덧셈과 뺄셈의 계산보다 우선이라는 점을 반드시 숙지시킵니다. | 11분 | ☐ | |
| | ❹ 덧셈, 뺄셈, 곱셈이 섞여 있는 식 (2) | | 11분 | ☐ | |
| | ❺ 덧셈, 뺄셈, 나눗셈이 섞여 있는 식 (1) | 나눗셈이 덧셈과 뺄셈의 계산보다 우선이라는 점을 반드시 숙지시킵니다. | 11분 | ☐ | |
| | ❻ 덧셈, 뺄셈, 나눗셈이 섞여 있는 식 (2) | | 11분 | ☐ | 2주 |
| | ❼ 덧셈, 뺄셈, 곱셈, 나눗셈이 섞여 있는 식 (1) | 사칙연산이 여러 번 있는 계산은 계산 순서가 중요하므로 계산 순서부터 바르게 이해시킵니다. | 15분 | ☐ | |
| | ❽ 덧셈, 뺄셈, 곱셈, 나눗셈이 섞여 있는 식 (2) | | 15분 | ☐ | |
| | ❾ 규칙을 찾아 계산하기 | 규칙대로 식을 쓰고 계산 순서에 맞게 계산하였는지 확인합니다. | 12분 | ☐ | |
| | 단원 마무리 연산 | | 20분 | ☐ | |
| 약수와 배수 | ❶ 약수와 배수 | ★의 약수에는 1과 ★이 항상 포함됨을 설명합니다. ★의 배수에는 ★이 항상 포함됨을 설명합니다. | 12분 | ☐ | 3주 |
| | ❷ 공약수와 최대공약수 | 두 수의 공약수를 이용하여 최대공약수를 구하도록 연습시킵니다. | 12분 | ☐ | |
| | ❸ 공배수와 최소공배수 | 두 수의 공배수를 이용하여 최소공배수를 구하도록 연습시킵니다. | 12분 | ☐ | |
| | ❹ 최대공약수 구하기 | 최대공약수와 최소공배수를 구하는 2가지 방법 중 더 편리한 방법을 선택하여 빠르고 정확하게 구하도록 연습시킵니다. | 13분 | ☐ | |
| | ❺ 최소공배수 구하기 | | 13분 | ☐ | |
| | 단원 마무리 연산 | | 17분 | ☐ | |
| 약분과 통분 | ❶ 크기가 같은 분수 만들기 | 분모와 분자에 0이 아닌 같은 수를 곱하거나 나누어야 함을 꼭 주의시킵니다. | 13분 | ☐ | 4주 |
| | ❷ 약분 | 기약분수로 나타낼 때 최대공약수로 약분하면 한 번에 구할 수 있음을 설명합니다. | 10분 | ☐ | |
| | ❸ 통분 | 통분하는 2가지 방법 중 더 편리한 방법을 선택하여 구하도록 연습시킵니다. | 10분 | ☐ | |
| | ❹ 두 분수의 크기 비교 | 분모가 다른 분수의 크기를 비교하려면 통분하여 비교해야 함을 반드시 숙지시킵니다. | 15분 | ☐ | |
| | ❺ 세 분수의 크기 비교 | | 13분 | ☐ | |
| | ❻ 분수와 소수의 크기 비교 | 분수와 소수의 크기를 비교하려면 분수를 소수로, 소수를 분수로 나타내어 비교해야 함을 반드시 숙지시킵니다. | 16분 | ☐ | |
| | 단원 마무리 연산 | | 16분 | ☐ | 5주 |
| 분수의 덧셈과 뺄셈 | ❶ 받아올림이 없는 진분수의 덧셈 (1) | 분모가 다른 분수끼리 더하기 위해서는 통분이 필요합니다. 통분하는 2가지 방법 중 더 편리한 방법을 선택하여 분수의 덧셈을 하도록 연습시킵니다. | 15분 | ☐ | |
| | ❷ 받아올림이 없는 진분수의 덧셈 (2) | | 16분 | ☐ | |

교과서 자연수의 혼합 계산

# ① 덧셈과 뺄셈이 섞여 있는 식

✔ 덧셈과 뺄셈이 섞여 있는 식은 앞에서부터 차례로 계산합니다.
✔ 덧셈과 뺄셈이 섞여 있고, ( )가 있는 식에서는 ( ) 안을 먼저 계산합니다.

예 $16-7+3=9+3$
      ①       $=12$
          ②

예 $16-(7+3)=16-10$
              ①       $=6$
          ②

가장 먼저 계산해야 하는 부분을 찾는 것이 중요해요.

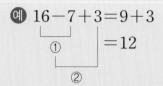 계산을 하시오.

**1** $4+17-5$

**7** $29-(6+9)$

**2** $11-6+7$

**8** $15+(10-2)$

**3** $33+15-8$

**9** $48-(24+7)$

**4** $19+5+2-4$

**10** $46+5-(8-4)$

**5** $27-3+5-9$

**11** $12+17-(9+5)$

**6** $2+40-5-17$

**12** $56-(22-14)+6$

잘라서 대로 자르세요

**13~28** 계산을 하시오.

**13** $40-6+3$

**14** $29+4-16$

**15** $64-12+87$

**16** $12+85-43$

**17** $5+64-45+4$

**18** $58-4+2-11$

**19** $74+9+51-15$

**20** $25+62-43+15$

**21** $24+(86-9)$

**22** $46-(12+4)$

**23** $62-(11+28)$

**24** $42+(57-11)$

**25** $54-(8-5)+16$

**26** $34-7-(18+2)$

**27** $65-(7-4)+25$

**28** $94-(12+13)-57$

**29**

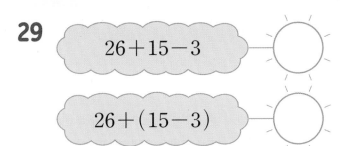

$26+15-3$

$26+(15-3)$

**30**

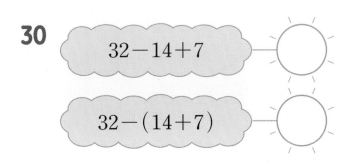

$32-14+7$

$32-(14+7)$

**31**

$33-8+11$

$33-(8+11)$

**32**

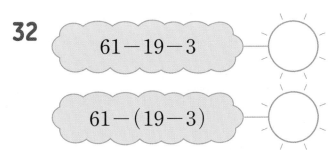

$61-19-3$

$61-(19-3)$

**33**

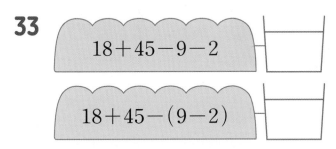

$18+45-9-2$

$18+45-(9-2)$

**34**

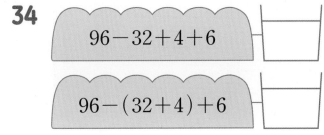

$96-32+4+6$

$96-(32+4)+6$

**35**

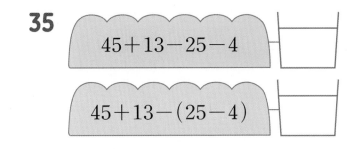

$45+13-25-4$

$45+13-(25-4)$

**36**

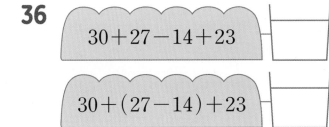

$30+27-14+23$

$30+(27-14)+23$

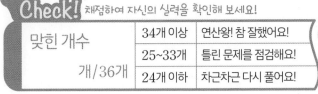

# 사다리 타기

사다리 타기는 줄을 타고 내려가다가 가로로 놓인 선을 만나면 가로 선을 따라 맨 아래까지 내려가는 놀이입니다. 주어진 식의 계산 결과를 사다리를 타고 내려가서 도착한 곳에 써넣으시오.

$40+25-19$  $50-(11+27)$  $3+41-15+8$  $36-(22-17)+9$

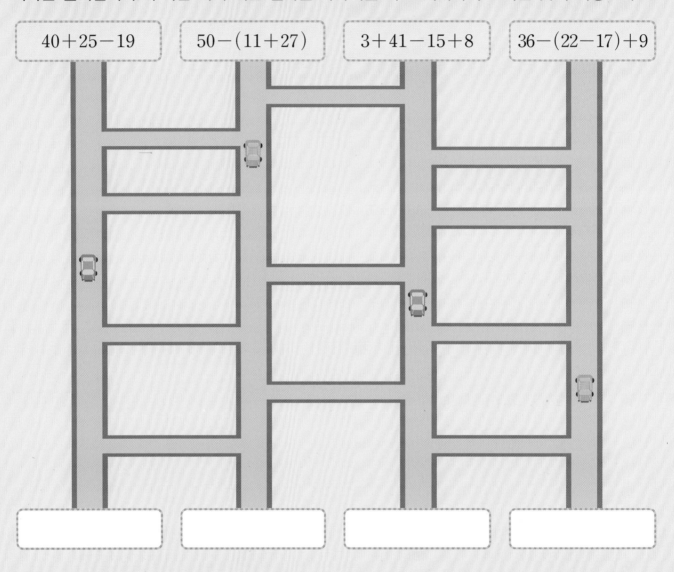

자연수의 혼합 계산은 앞에서부터 차례로 계산하면 돼.

그런데 ( )가 있을 때는 ( ) 안을 먼저 계산해야 해.

교과서 자연수의 혼합 계산

# 2 곱셈과 나눗셈이 섞여 있는 식

✔ 곱셈과 나눗셈이 섞여 있는 식은 앞에서부터 차례로 계산합니다.

✔ 곱셈과 나눗셈이 섞여 있고, ( )가 있는 식에서는 ( ) 안을 먼저 계산합니다.

예 $32 \div 8 \times 2 = 4 \times 2 = 8$

예 $32 \div (8 \times 2) = 32 \div 16 = 2$

계산 순서에 맞게 계산하지 않으면 계산 결과가 달라져요.

**1~12** 계산을 하시오.

**1** $8 \times 9 \div 6$

**2** $30 \div 5 \times 4$

**3** $3 \times 18 \div 9$

**4** $4 \times 7 \div 2 \times 3$

**5** $27 \div 3 \times 4 \div 6$

**6** $20 \div 4 \times 3 \times 2$

**7** $7 \times (6 \div 3)$

**8** $54 \div (3 \times 2)$

**9** $9 \times (18 \div 9)$

**10** $6 \times (8 \div 2) \times 8$

**11** $63 \div 7 \times (12 \div 6)$

**12** $16 \div (2 \times 4) \times 7$

**13~28** 계산을 하시오.

**13** $3 \times 15 \div 9$

**14** $25 \div 5 \times 2$

**15** $4 \times 12 \div 8$

**16** $55 \div 5 \times 7$

**17** $16 \times 4 \div 8 \times 2$

**18** $28 \div 2 \times 15 \div 7$

**19** $18 \times 14 \div 4 \div 9$

**20** $2 \times 13 \times 24 \div 8$

**21** $9 \times (12 \div 3)$

**22** $72 \div (2 \times 4)$

**23** $6 \times (45 \div 9)$

**24** $63 \div (3 \times 7)$

**25** $15 \times (9 \div 3) \times 2$

**26** $54 \div (3 \times 2) \div 3$

**27** $9 \times 8 \div (68 \div 17)$

**28** $25 \times (6 \times 3) \div 9$

**29**

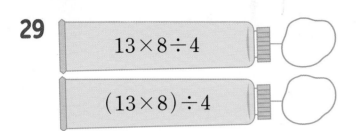

$13 \times 8 \div 4$

$(13 \times 8) \div 4$

**30**

$96 \div 4 \times 2$

$96 \div (4 \times 2)$

**31**

$27 \times 12 \div 6$

$27 \times (12 \div 6)$

**32**

$48 \div 12 \times 4$

$48 \div (12 \times 4)$

**33**

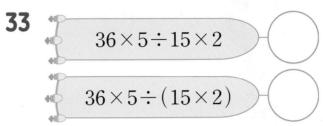

$36 \times 5 \div 15 \times 2$

$36 \times 5 \div (15 \times 2)$

**34**

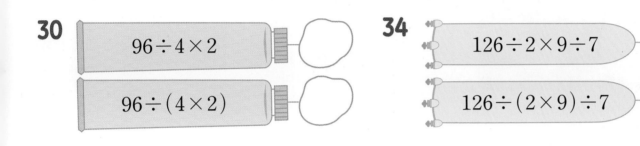

$126 \div 2 \times 9 \div 7$

$126 \div (2 \times 9) \div 7$

**35**

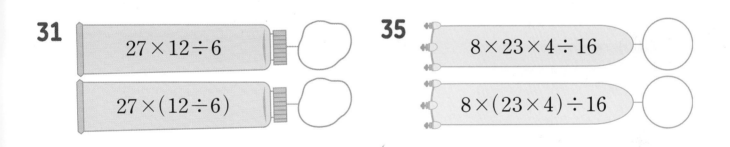

$8 \times 23 \times 4 \div 16$

$8 \times (23 \times 4) \div 16$

**36**

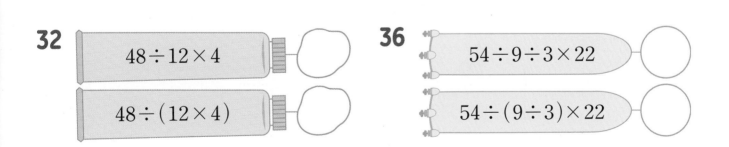

$54 \div 9 \div 3 \times 22$

$54 \div (9 \div 3) \times 22$

# 비밀번호는 무엇일까요?

컴퓨터와 휴대전화의 비밀번호는 보기 에 있는 계산 결과를 차례로 이어 붙여 쓴 것입니다. 비밀번호를 각각 구하시오.

**1**

보기

① $2 \times (51 \div 17)$

② $48 \div (3 \times 8)$

③ $72 \div (4 \times 2)$

④ $15 \times 19 \div 57$

**컴퓨터의 비밀번호**

| ① | ② | ③ | ④ |

**2**

보기

① $6 \times 9 \div 18$

② $3 \times (12 \div 6)$

③ $105 \div (5 \times 3)$

④ $9 \times 30 \div 54$

**휴대전화의 비밀번호**

| ① | ② | ③ | ④ |

풀 이

답 **1**        **2**

교과서 자연수의 혼합 계산

# 3 덧셈, 뺄셈, 곱셈이 섞여 있는 식 (1)

공부한날    월    일

✔ 덧셈, 뺄셈, 곱셈이 섞여 있는 식은 곱셈을 먼저 계산합니다.
✔ (    )가 있는 식에서는 (    ) 안을 먼저 계산합니다.

예 $4+6\times7-2=4+42-2$
$\qquad\qquad\quad=46-2$
$\qquad\qquad\quad=44$

예 $4+6\times(7-2)=4+6\times5$
$\qquad\qquad\qquad\quad=4+30$
$\qquad\qquad\qquad\quad=34$

**1~12** 계산을 하시오.

**1** $15+5\times4$

**2** $9\times8-22$

**3** $13\times6+7-11$

**4** $8+19\times20-46$

**5** $94+8-6\times12$

**6** $20-2\times6+31$

**7** $(20+6)\times4$

**8** $(17-3)\times2$

**9** $6\times(8+7)-20$

**10** $14+6\times(16-3)$

**11** $(82+3)-7\times3$

**12** $90-5\times(5+9)$

**13** $3+9\times2-5$

**21** $6+8\times(10-3)$

**14** $26-4\times3+7$

**22** $(32+5)\times2-6$

**15** $8+16-5\times3$

**23** $7+(19-6)\times4$

**16** $40-32+12\times2$

**24** $85-(22+3)\times2$

**17** $27\times3+6-25$

**25** $48\times(6+3)-61$

**18** $76+13\times6-29$

**26** $(82+5)\times2-94$

**19** $92-8\times7+14$

**27** $(78-54)\times3+20$

**20** $65+21-18\times4$

**28** $196-12\times(9+3)$

**29~36** 빈 곳에 계산 결과를 써넣으시오.

**29**
$31 + 12 - 9 \times 4$

$31 + (12 - 9) \times 4$

**30**
$98 - 35 \times 2 + 11$

$(98 - 35) \times 2 + 11$

**31**
$7 \times 10 + 3 - 26$

$7 \times (10 + 3) - 26$

**32**
$16 + 12 \times 8 - 35$

$(16 + 12) \times 8 - 35$

**33**
$13 \times 7 + 5 - 20$

$13 \times (7 + 5) - 20$

**34**
$19 + 5 \times 12 - 2$

$19 + 5 \times (12 - 2)$

**35**
$87 - 6 \times 3 + 8$

$87 - 6 \times (3 + 8)$

**36**
$32 + 2 \times 3 - 27$

$(32 + 2) \times 3 - 27$

# 오늘 입으려고 하는 의상은 무엇일까요?

진숙이가 오늘 입으려고 하는 의상을 각각 찾아 기호를 쓰시오.

내가 오늘 입으려고 하는 의상에 써 있는 수는 다음 계산 결과와 같아.

진숙

- 윗옷: $3+6\times7-12$
- 아래옷: $40-(7+2)\times3$
- 신발: $2\times(8-3)+16$
- 모자: $38-9+5\times4$

윗옷

ㄱ 32  ㄴ 33  ㄷ 34

아래옷

ㄹ 13  ㅁ 16  ㅂ 23

신발

ㅅ 26  ㅇ 27  ㅈ 28

모자

ㅊ 39  ㅋ 45  ㅌ 49

**풀 이**



답 윗옷:    , 아래옷:    , 신발:    , 모자:

교과서 자연수의 혼합 계산

# 4 덧셈, 뺄셈, 곱셈이 섞여 있는 식 (2)

공부한 날 　월 　일

예 $29-2\times7+4=19$

곱셈을 덧셈과 뺄셈보다 먼저 계산해요.

예 $29-2\times(7+4)=7$

( ) 안을 먼저 계산해요.

1~12 계산을 하시오.

**1** $26+9-3\times8$

**2** $3\times20-18+4$

**3** $55-13\times2+7$

**4** $6\times7+13-25$

**5** $36-4\times7+15$

**6** $54+27-6\times12$

**7** $19+(6-3)\times2$

**8** $40-3\times(15-4)$

**9** $(7+21)\times5-56$

**10** $8+10\times(15-6)$

**11** $73-4\times(7+8)$

**12** $11\times(41-39)+5$

**13** $3 \times 31 - 3 + 20$

**21** $43 - (11 + 7) \times 2$

**14** $36 - 7 \times 4 + 9$

**22** $(26 - 23) \times 7 + 13$

**15** $15 + 11 \times 2 - 16$

**23** $71 + 5 \times (32 - 25)$

**16** $19 \times 8 + 5 - 27$

**24** $100 - 2 \times (27 + 3)$

**17** $56 + 90 - 45 \times 2$

**25** $(2 + 11) \times 6 - 49$

**18** $7 + 18 \times 6 - 15$

**26** $120 - (10 + 5) \times 4$

**19** $96 - 30 + 12 \times 4$

**27** $11 \times (7 + 8) - 23$

**20** $41 - 17 \times 2 + 23$

**28** $(71 - 36) \times 3 + 9$

**29**
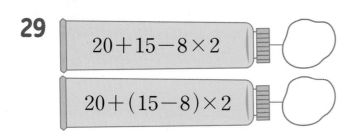
$$20+15-8\times2$$
$$20+(15-8)\times2$$

**33**
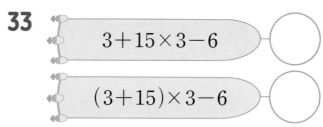
$$3+15\times3-6$$
$$(3+15)\times3-6$$

**30**
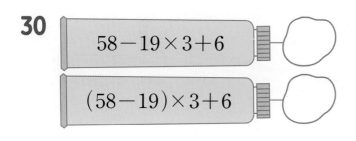
$$58-19\times3+6$$
$$(58-19)\times3+6$$

**34**
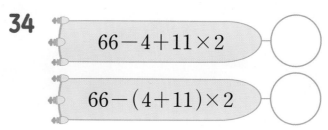
$$66-4+11\times2$$
$$66-(4+11)\times2$$

**31**
$$5\times8-21+3$$
$$5\times8-(21+3)$$

**35**
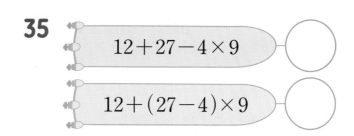
$$12+27-4\times9$$
$$12+(27-4)\times9$$

**32**
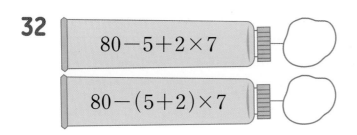
$$80-5+2\times7$$
$$80-(5+2)\times7$$

**36**
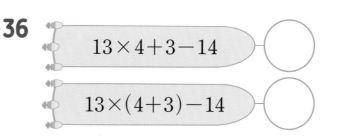
$$13\times4+3-14$$
$$13\times(4+3)-14$$

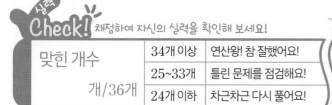

# 마무리 연산 퍼즐

## 도둑은 누구일까요?

어느 날 한 저택에 도둑이 들어 가장 비싼 도자기를 훔쳐 갔습니다. 사건 단서 ①, ②, ③의 계산 결과에 해당하는 글자를 사건 단서 해독표에서 찾아 차례로 쓰면 도둑의 이름을 알 수 있습니다. 주어진 단서를 가지고 도둑의 이름을 알아보시오.

사건 단서 ①
$6 \times 5 + 9 - 24$

사건 단서 ②
$18 + 3 \times (9 - 4)$

사건 단서 ③
$61 - 7 \times 6 + 7$

사건 현장의 단서를 찾은 다음 오른쪽의 사건 단서 해독표를 이용하여 범인의 이름을 알아봐.

### <사건 단서 해독표>

| 장 | 13 | 정 | 15 | 김 | 21 |
|---|---|---|---|---|---|
| 박 | 36 | 영 | 35 | 황 | 25 |
| 오 | 26 | 경 | 23 | 준 | 33 |
| 규 | 18 | 수 | 28 | 화 | 19 |

① ② ③

도둑의 이름은 ☐☐☐ 입니다.

풀 이

답 _____

교과서 자연수의 혼합 계산

# 5 덧셈, 뺄셈, 나눗셈이 섞여 있는 식 (1)

공부한 날    월    일    걸린 시간    분

✅ 덧셈, 뺄셈, 나눗셈이 섞여 있는 식은 나눗셈을 먼저 계산합니다.
✅ (  )가 있는 식에서는 (  ) 안을 먼저 계산합니다.

예 $12-20\div5+5=12-4+5$
　　　　　　　　　$=8+5$
　　　　　　　　　$=13$

예 $12-20\div(5+5)=12-20\div10$
　　　　　　　　　　$=12-2$
　　　　　　　　　　$=10$

**1~12** 계산을 하시오.

**1** $13+81\div9$

**2** $63\div7-6$

**3** $9+36\div6-4$

**4** $27-75\div15+3$

**5** $30+9-96\div4$

**6** $86\div2-11+17$

**7** $(40+2)\div14$

**8** $(76-8)\div2$

**9** $(13+12)\div5-3$

**10** $20+(48-6)\div7$

**11** $(91-35)\div8+13$

**12** $74-(66+4)\div10$

정답선 대로 자르세요

**13** $24 \div 8 + 17 - 5$

**14** $48 - 39 \div 13 + 9$

**15** $55 + 11 - 30 \div 6$

**16** $96 \div 3 - 16 + 21$

**17** $27 + 54 \div 18 - 17$

**18** $80 + 9 - 77 \div 11$

**19** $52 \div 4 + 86 - 45$

**20** $36 + 28 - 84 \div 28$

**21** $49 \div (3 + 4) - 3$

**22** $(50 - 16) \div 2 + 8$

**23** $32 + (66 - 28) \div 19$

**24** $98 \div 7 - (9 + 2)$

**25** $(56 + 13) \div 3 - 18$

**26** $74 - (81 + 45) \div 6$

**27** $120 \div (19 - 4) + 29$

**28** $(110 - 44) \div 11 + 30$

**29~36** 빈 곳에 계산 결과를 써넣으시오.

**29**
$81 \div 3 + 6 - 7$ ◯

$81 \div (3 + 6) - 7$ ◯

**33**
$35 \div 7 - 2 + 20$ ◯

$35 \div (7 - 2) + 20$ ◯

**30**
$60 - 42 \div 2 + 13$ ◯

$(60 - 42) \div 2 + 13$ ◯

**34**
$36 + 27 \div 9 - 6$ ◯

$(36 + 27) \div 9 - 6$ ◯

**31**
$43 - 8 + 56 \div 4$ ◯

$43 - (8 + 56) \div 4$ ◯

**35**
$2 + 100 - 55 \div 5$ ◯

$2 + (100 - 55) \div 5$ ◯

**32**
$32 + 80 \div 16 - 3$ ◯

$(32 + 80) \div 16 - 3$ ◯

**36**
$56 - 40 \div 8 + 33$ ◯

$(56 - 40) \div 8 + 33$ ◯

# 빙고 놀이

 마무리 연산 퍼즐

쏙셈 9권 **5일** - 4

민아와 재호가 빙고 놀이를 하고 있습니다. 빙고 놀이에서 이기는 사람의 이름을 쓰시오.

<빙고 놀이 방법>

1. 가로, 세로 5칸인 놀이판에 1부터 25까지의 자연수 25개를 자유롭게 적은 다음 서로 번갈아 가며 수를 말합니다.
2. 자신과 상대방이 말하는 수에 ✕표 합니다.
3. 가로, 세로, 대각선 중 한 줄에 있는 5개의 수에 모두 ✕표 한 경우 '빙고'를 외칩니다.
4. 먼저 '빙고'를 외치는 사람이 이깁니다.

$30 + 63 \div 9 - 24$
의 계산 결과!

민아

$8 + (72 - 17) \div 5$
의 계산 결과!

재호

## 민아의 놀이판

| 1 | 19 | 23 | ✕ | 9 |
| 12 | 17 | 5 | ✕ | 14 |
| ✕ | 22 | 3 | 16 | 11 |
| 13 | ✕ | 24 | ✕ | ✕ |
| 7 | 18 | 20 | ✕ | 25 |

## 재호의 놀이판

| ✕ | ✕ | 1 | 11 | 22 |
| 14 | ✕ | 25 | 7 | 23 |
| 3 | 24 | 9 | 12 | 16 |
| 19 | ✕ | 13 | ✕ | ✕ |
| 18 | 20 | 5 | 17 | ✕ |

**풀 이**

답

교과서 자연수의 혼합 계산

# 6 덧셈, 뺄셈, 나눗셈이 섞여 있는 식 (2)

공부한 날    월    일    걸린 시간    분

예 $16+14÷7-5=13$

나눗셈을 덧셈과 뺄셈보다 먼저 계산해요.

예 $16+14÷(7-5)=23$

( ) 안을 먼저 계산해요.

**1~12** 계산을 하시오.

**1** $20-7+48÷3$

**2** $12+85÷17-3$

**3** $44÷2-19+8$

**4** $15+21-56÷14$

**5** $81÷9+65-26$

**6** $77-36÷4+2$

**7** $27÷(16-7)+8$

**8** $32-(9+11)÷5$

**9** $9-16÷(3+5)$

**10** $8+48÷(22-14)$

**11** $78÷(7+6)-2$

**12** $164÷(50-9)+39$

**13** $12 \div 3 + 22 - 13$

**21** $35 \div (12 - 5) + 9$

**14** $2 + 63 \div 9 - 5$

**22** $(4 + 26) \div 2 - 7$

**15** $43 + 28 - 74 \div 2$

**23** $(52 - 29) + 16 \div 8$

**16** $100 - 42 \div 7 + 16$

**24** $(9 + 12) \div (6 - 3)$

**17** $40 - 14 + 55 \div 11$

**25** $(32 + 58) \div 15 - 4$

**18** $156 \div 6 - 22 + 19$

**26** $76 - (21 + 19) \div 5$

**19** $19 - 52 \div 4 + 8$

**27** $(98 - 34) \div 16 + 23$

**20** $98 + 36 - 84 \div 21$

**28** $130 - (15 + 3) \div 2$

**29**

$50 - 36 \div 2 + 25$

$(50 - 36) \div 2 + 25$

**33**

$8 + 20 \div 4 - 3$

$(8 + 20) \div 4 - 3$

**30**

$28 + 57 \div 19 - 16$

$28 + 57 \div (19 - 16)$

**34**

$42 - 15 \div 3 + 19$

$(42 - 15) \div 3 + 19$

**31**

$54 \div 9 + 18 - 1$

$54 \div (9 + 18) - 1$

**35**

$35 - 7 + 14 \div 7$

$35 - (7 + 14) \div 7$

**32**

$70 - 24 + 36 \div 12$

$70 - (24 + 36) \div 12$

**36**

$126 \div 6 + 8 - 5$

$126 \div (6 + 8) - 5$

Check! 채점하여 자신의 실력을 확인해 보세요!

| 맞힌 개수 | 34개 이상 | 연산왕! 참 잘했어요! |
|---|---|---|
| | 25~33개 | 틀린 문제를 점검해요! |
| 개/36개 | 24개 이하 | 차근차근 다시 풀어요! |

엄마의 확인 Note 칭찬할 점과 주의할 점을 써주세요!

정답확인

| 칭찬 | |
|---|---|
| 주의 | |

쑥셈 9권 6일 - 3

# 로마의 거대 원형 경기장, 콜로세움

교과서 자연수의 혼합 계산

# 7 덧셈, 뺄셈, 곱셈, 나눗셈이 섞여 있는 식 (1)

✅ 덧셈, 뺄셈, 곱셈, 나눗셈이 섞여 있는 식은 곱셈과 나눗셈을 먼저 계산합니다.

✅ (  )가 있는 식에서는 (  ) 안을 먼저 계산합니다.

예
$$36 \div 6 - 2 + 3 \times 5 = 6 - 2 + 3 \times 5$$
$$= 6 - 2 + 15$$
$$= 4 + 15$$
$$= 19$$

예
$$36 \div (6 - 2) + 3 \times 5 = 36 \div 4 + 3 \times 5$$
$$= 9 + 3 \times 5$$
$$= 9 + 15$$
$$= 24$$

**1~12** 계산을 하시오.

**1** $8 + 2 \times 4 - 15 \div 5$

**2** $64 \div 8 + 7 - 6 \times 2$

**3** $9 \times 3 + 11 - 56 \div 7$

**4** $44 - 42 \div 2 + 8 \times 3$

**5** $70 \div 5 - 3 + 4 \times 4$

**6** $8 \times 7 - 20 + 36 \div 4$

**7** $(42 + 3) \div 5 - 3 \times 2$

**8** $99 \div (4 + 5) - 2 \times 4$

**9** $7 \times (6 + 15) - 21 \div 3$

**10** $(84 - 30) \div 6 + 9 \times 5$

**11** $74 \div 2 - (9 - 2) \times 2$

**12** $6 \times 9 - (35 + 5) \div 8$

**13~28** 계산을 하시오.

**13** $7+26\div2\times3-4$

**14** $95\div5-2\times9+6$

**15** $7\times3-8\div2+11$

**16** $63\div9\times4-7+25$

**17** $13+3\times9-24\div8$

**18** $15+32\div4\times2-6$

**19** $18\times2-49\div7+10$

**20** $116\div4-6\times4+3$

**21** $(8+20)\div7\times2-5$

**22** $77\div(11-4)\times6+12$

**23** $16\times2-27\div(3+6)$

**24** $72\div8\times(21-15)+19$

**25** $(45+9)\times3-108\div9$

**26** $40-2\times75\div(5+20)$

**27** $126\div3-4\times(6+2)$

**28** $48\times2\div(17-11)+13$

**29**

$8+32 \div 4 \times 6-11$ ◯

$(8+32) \div 4 \times 6-11$ ◯

**30**

$63 \div 9-6+2 \times 9$ ◯

$63 \div (9-6)+2 \times 9$ ◯

**31**

$26+2 \times 27-12 \div 3$ ◯

$26+2 \times (27-12) \div 3$ ◯

**32**

$70 \times 2 \div 14-7+6$ ◯

$70 \times 2 \div (14-7)+6$ ◯

**33**

$90-40 \div 4 \times 3+2$

$90-40 \div 4 \times (3+2)$

**34**

$85 \div 5+2 \times 16-8$

$85 \div 5+2 \times (16-8)$

**35**

$108 \div 4+5-3 \times 3$

$108 \div (4+5)-3 \times 3$

**36**

$36 \div 2 \times 6+3-45$

$36 \div 2 \times (6+3)-45$

Check! 채점하여 자신의 실력을 확인해 보세요!

| 맞힌 개수 | 34개 이상 | 연산왕! 참 잘했어요! |
| --- | --- | --- |
| 개/36개 | 25~33개 | 틀린 문제를 점검해요! |
| | 24개 이하 | 차근차근 다시 풀어요! |

엄마의 확인 Note 칭찬할 점과 주의할 점을 써주세요!

정답확인

칭찬

주의

쏙셈 9권 **7일** - 3

# 숨은 그림 찾기

다음 그림에서 숨은 그림 5개를 모두 찾아 ○표 하시오.

컵, 아이스크림, 셔틀콕, 오이, 권투 글러브

답지

교과서 자연수의 혼합 계산

# 8 덧셈, 뺄셈, 곱셈, 나눗셈이 섞여 있는 식 (2)

공부한 날    월    일

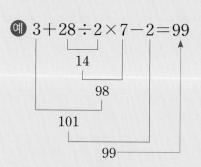

예 $3+28\div2\times7-2=99$

곱셈과 나눗셈을 덧셈과 뺄셈보다 먼저 계산해요.

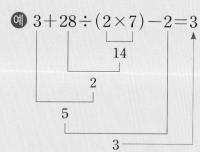

예 $3+28\div(2\times7)-2=3$

반드시 ( ) 안을 먼저 계산해요.

**1~12** 계산을 하시오.

**1**  $4\times7+6-64\div8$

**2**  $81\div9-4+3\times5$

**3**  $20+2\times7-12\div4$

**4**  $18-7\times2+63\div7$

**5**  $10\times8\div5+7-9$

**6**  $25-60\div12\times3+6$

**7**  $(50+6)\div7-2\times3$

**8**  $87\div3+(11-6)\times4$

**9**  $(6+5)\times9-36\div6$

**10**  $40-6\times(7+8)\div18$

**11**  $28\times4\div(20-4)+2$

**12**  $13+90\div15\times(40-32)$

13~28 계산을 하시오.

**13** $6 \times 4 \div 8 - 2 + 11$

**21** $7 \times 6 \div (9 - 7) + 8$

**14** $96 \div 3 + 3 \times 9 - 4$

**22** $48 \div 4 + 6 \times (11 - 5)$

**15** $12 \times 2 - 36 \div 4 + 25$

**23** $13 \times (27 - 6) \div 7 + 15$

**16** $48 + 54 \div 6 \times 5 - 17$

**24** $(22 + 23) \div 9 \times 8 - 13$

**17** $11 + 8 \times 8 - 70 \div 14$

**25** $33 + 6 \times (50 - 29) \div 7$

**18** $16 \times 7 + 92 \div 4 - 18$

**26** $135 \div (5 \times 3) - 3 + 16$

**19** $95 \div 5 - 7 \times 2 + 20$

**27** $152 \div 8 - (5 + 4) \times 2$

**20** $42 + 45 \times 2 \div 6 - 19$

**28** $80 + 26 \times 2 \div (10 - 6)$

**29**

$8 \times 24 \div 12 - 6 + 9$

$8 \times 24 \div (12 - 6) + 9$

**30**

$6 + 9 \div 3 \times 7 - 11$

$(6 + 9) \div 3 \times 7 - 11$

**31**

$88 \div 2 - 7 + 2 \times 3$

$88 \div 2 - (7 + 2) \times 3$

**32**

$180 \div 15 + 5 - 2 \times 2$

$180 \div (15 + 5) - 2 \times 2$

**33**

$28 - 10 \div 2 \times 3 + 7$

$(28 - 10) \div 2 \times 3 + 7$

**34**

$9 \times 8 - 6 + 38 \div 19$

$9 \times (8 - 6) + 38 \div 19$

**35**

$86 - 90 \div 5 \times 3 + 4$

$86 - 90 \div (5 \times 3) + 4$

**36**

$9 + 8 \times 10 - 49 \div 7$

$(9 + 8) \times 10 - 49 \div 7$

# 재미있는 연산 놀이터

# 다른 그림 찾기

아래 그림에서 위 그림과 다른 부분 5군데를 모두 찾아 ○표 하시오.

교과서 자연수의 혼합 계산

# 9 규칙을 찾아 계산하기

공부한 날 　월　　일

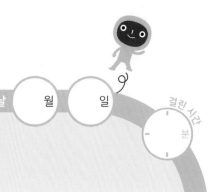

☑ 기호의 규칙을 찾아 식을 세운 다음 계산 순서에 맞게 계산합니다.

예 ㉠♣㉡＝(㉠＋㉡)×㉠이라고 약속할 때 6♣3의 값 구하기

➡ 6♣3＝(6＋3)×6＝9×6＝54

**1~8** ㉠★㉡＝㉠×(㉠－㉡)＋㉡이라고 약속할 때 식을 세우고 계산하시오.

**1**
9★4

➡ _____

**2**
6★3

➡ _____

**3**
7★5

➡ _____

**4**
10★2

➡ _____

**5**
12★4

➡ _____

**6**
8★6

➡ _____

**7**
17★12

➡ _____

**8**
20★13

➡ _____

**9**

$$4 ◆ 2$$

➡ _____

**14**

$$16 ◆ 4$$

➡ _____

**10**

$$6 ◆ 2$$

➡ _____

**15**

$$14 ◆ 2$$

➡ _____

**11**

$$9 ◆ 3$$

➡ _____

**16**

$$15 ◆ 3$$

➡ _____

**12**

$$10 ◆ 5$$

➡ _____

**17**

$$12 ◆ 6$$

➡ _____

**13**

$$8 ◆ 4$$

➡ _____

**18**

$$18 ◆ 9$$

➡ _____

**19~28** ㉠ ▲ ㉡=㉠×㉡—㉠÷㉡이라고 약속할 때 빈 곳에 계산 결과를 써넣으시오.

**19**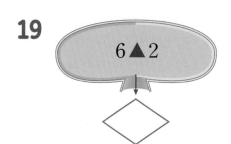

6 ▲ 2

◇

**24**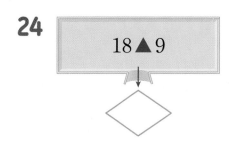

18 ▲ 9

◇

**20**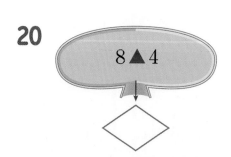

8 ▲ 4

◇

**25**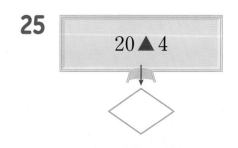

20 ▲ 4

◇

**21**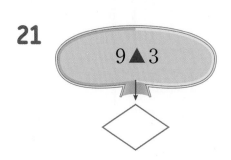

9 ▲ 3

◇

**26**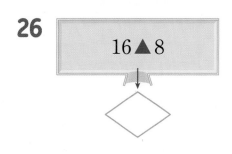

16 ▲ 8

◇

**22**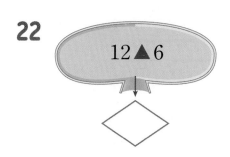

12 ▲ 6

◇

**27**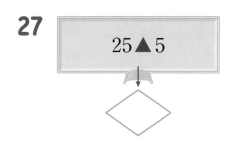

25 ▲ 5

◇

**23**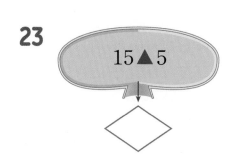

15 ▲ 5

◇

**28**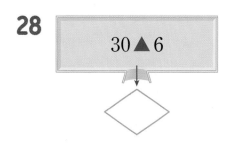

30 ▲ 6

◇

# 미로 찾기

지우와 수현이는 잠자리를 잡으러 가려고 합니다. 길을 찾아 선으로 이어 보시오.

교과서 자연수의 혼합 계산

# 단원 마무리 연산!

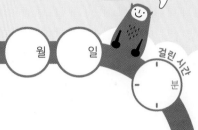

여러 가지 연산 문제로 단원을 마무리하여 연산왕에 도전해 보세요.

공부한 날    월    일    걸린 시간    분

**1~14** 계산을 하시오.

**1**  27＋42－19

**2**  43－(26－19)

**3**  24÷2×9

**4**  12×8÷4

**5**  84÷(4×3)

**6**  86－21×3＋17

**7**  47－(8＋5)×3

**8**  90－52＋19－5

**9**  55＋11－(31＋12)

**10**  64÷4×8÷2

**11**  3×5×16÷4

**12**  18÷9×(75÷5)

**13**  16＋7×8－53

**14**  (9＋7)×8－33

**15** $64+48\div6-35$

**16** $50+21-154\div7$

**17** $(60-12)\div6+3$

**18** $14\times3+45\div9-26$

**19** $(45+5)\div10\times9-7$

**20** $9\times(52-17)\div5+9$

**21** $94-4\times(8+7)\div3$

**22** $84\div12+5\times5-18$

**23** $62-34+72\div3$

**24** $79-(37+29)\div11$

**25** $36\div4\times9+30-17$

**26** $120\div3-(4+3)\times5$

**27** $28\times3\div(13-6)+20$

**28** $6\times22-(7+52)$

**29** $100-(37+19)\div4+2$

**30** $60-54+48\div2\times6$

**31~44** 빈 곳에 계산 결과를 써넣으시오.

**31** $54+26-44$ ◯

**32** $18\times3\div9$ ◯

**33** $70-18\times3+26$ ◯

**34** $43+60-16\times5$ ◯

**35** $44+12-63\div7$ ◯

**36** $144\div12+2\times7-19$ ◯

**37** $5\times(17+41)\div2-8$ ◯

**38** $120-(18+9)$ ◯

**39** $75\times(104\div8)$ ◯

**40** $(55-30)\times2+17$ ◯

**41** $4\times(8-2)+20$ ◯

**42** $(42+14)\div7-4$ ◯

**43** $15\times4+(30-3)\div9$ ◯

**44** $64\div(37-29)\times4+3$ ◯

**45** 수현이네 반은 남학생이 13명, 여학생이 14명입니다. 그중에서 12명이 피아노 학원을 다닌다면 피아노 학원을 다니지 않는 학생은 몇 명입니까?

식 _____

답 _____

**46** 연필 9타를 4명에게 똑같이 나누어 주려고 합니다. 한 사람에게 연필을 몇 자루씩 주어야 합니까?

식 _____

답 _____

**47** 지혜네 학교 과학반 학생들이 모둠을 나누어 실험을 하려고 합니다. 남학생 28명은 4명씩 모둠을 만들고, 여학생 25명은 5명씩 모둠을 만들었습니다. 만든 모둠은 모두 몇 모둠입니까?

식 _____

답 _____

**맞힌 개수**　개/47개

| 45개 이상 | 연산왕! 참 잘했어요! |
| 33~44개 | 틀린 문제를 점검해요! |
| 32개 이하 | 차근차근 다시 풀어요! |

엄마의 확인 Note 칭찬할 점과 주의할 점을 써주세요!

정답확인

칭찬

주의

쏙셈 9권 **10일** - 4

교과서 약수와 배수

# 1 약수와 배수

공부한 날    월    일

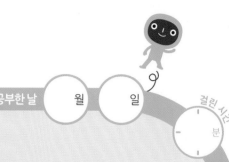

✔ 약수: 어떤 수를 나누어떨어지게 하는 수

예 8의 약수 구하기

$8 \div 1 = 8$        $8 \div 2 = 4$        $8 \div 3 = 2 \cdots 2$        $8 \div 4 = 2$

$8 \div 5 = 1 \cdots 3$        $8 \div 6 = 1 \cdots 2$        $8 \div 7 = 1 \cdots 1$        $8 \div 8 = 1$

➡ 8의 약수: 1, 2, 4, 8

✔ 배수: 어떤 수를 1배, 2배, 3배…… 한 수

예 3의 배수 구하기

$3 \times 1 = 3$, $3 \times 2 = 6$, $3 \times 3 = 9$, $3 \times 4 = 12$……

➡ 3의 배수: 3, 6, 9, 12……

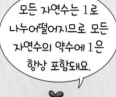

모든 자연수는 1로 나누어떨어지므로 모든 자연수의 약수에 1은 항상 포함돼요.

1~8 약수와 배수를 구하시오. (단, 배수는 가장 작은 수부터 5개 쓰시오.)

**1** 6의 약수

(                    )

**2** 7의 약수

(                    )

**3** 9의 약수

(                    )

**4** 32의 약수

(                    )

**5** 2의 배수

(                    )

**6** 8의 배수

(                    )

**7** 12의 배수

(                    )

**8** 23의 배수

(                    )

**9~22** 약수와 배수를 구하시오. (단, 배수는 가장 작은 수부터 5개 쓰시오.)

**9**

> 3의 약수

(                              )

**10**

> 4의 약수

(                              )

**11**

> 10의 약수

(                              )

**12**

> 18의 약수

(                              )

**13**

> 25의 약수

(                              )

**14**

> 40의 약수

(                              )

**15**

> 63의 약수

(                              )

**16**

> 11의 배수

(                              )

**17**

> 15의 배수

(                              )

**18**

> 20의 배수

(                              )

**19**

> 32의 배수

(                              )

**20**

> 48의 배수

(                              )

**21**

> 55의 배수

(                              )

**22**

> 62의 배수

(                              )

**23~34** 빈 곳에 약수와 배수를 써넣으시오. (단, 배수는 가장 작은 수부터 5개 쓰시오.)

**23** 5의 약수

**24** 8의 약수

**25** 20의 약수

**26** 21의 약수

**27** 45의 약수

**28** 64의 약수

**29** 4의 배수

**30** 7의 배수

**31** 18의 배수

**32** 35의 배수

**33** 49의 배수

**34** 52의 배수

# 색칠하기

그림에서 72의 약수에는 파란색, 5의 배수에는 빨간색을 색칠하여 나타나는 글자를 알아보시오.

| 17 | 38 | 15 | 21 | 33 | 28 |
|----|----|----|----|----|----|
| 13 | 45 | 30 | 75 | 84 | 4 |
| 56 |    |    | 34 | 52 | 24 |
| 29 |    | 26 | 95 | 37 | 1 |
| 11 |    |    |    | 23 | 9 |
| 39 | 2 | 18 | 72 | 92 | 16 |
| 31 | 6 | 71 | 3 | 14 | 32 |
| 19 | 8 | 12 | 36 | 79 | 99 |

**풀 이**

답 _____

교과서 약수와 배수

# ② 공약수와 최대공약수

공부한 날    월    일

걸린 시간    분

✔ 공약수: 두 수의 공통된 약수
✔ 최대공약수: 두 수의 공약수 중에서 가장 큰 수
  예 6의 약수: 1, 2, 3, 6
  9의 약수: 1, 3, 9
  ➡ 6과 9의 공약수: 1, 3
  6과 9의 최대공약수: 3

공약수는 두 수의 약수를 각각 구한 후 공통된 약수를 찾으면 돼요.

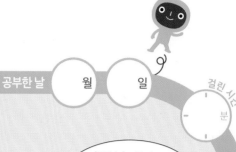

**1~4** 두 수의 약수를 각각 구하고 공약수를 구하시오.

**1**        (8, 4)

┌ 8의 약수: _____
└ 4의 약수: _____

➡ 8과 4의 공약수: _____

**3**        (15, 25)

┌ 15의 약수: _____
└ 25의 약수: _____

➡ 15와 25의 공약수: _____

**2**        (12, 30)

┌ 12의 약수: _____
│
└ 30의 약수: _____

➡ 12와 30의 공약수: _____

**4**        (16, 28)

┌ 16의 약수: _____
│
└ 28의 약수: _____

➡ 16과 28의 공약수: _____

**5~14** 두 수의 공약수와 최대공약수를 구하시오.

**5**

(6, 8)

┌ 6과 8의 공약수: _____
└ 6과 8의 최대공약수: _____

**6**

(8, 28)

┌ 8과 28의 공약수: _____
└ 8과 28의 최대공약수: _____

**7**

(14, 21)

┌ 14와 21의 공약수: _____
└ 14와 21의 최대공약수: _____

**8**

(20, 25)

┌ 20과 25의 공약수: _____
└ 20과 25의 최대공약수: _____

**9**

(21, 27)

┌ 21과 27의 공약수: _____
└ 21과 27의 최대공약수: _____

**10**

(10, 20)

┌ 10과 20의 공약수: _____
└ 10과 20의 최대공약수: _____

**11**

(18, 30)

┌ 18과 30의 공약수: _____
└ 18과 30의 최대공약수: _____

**12**

(24, 16)

┌ 24와 16의 공약수: _____
└ 24와 16의 최대공약수: _____

**13**

(27, 36)

┌ 27과 36의 공약수: _____
└ 27과 36의 최대공약수: _____

**14**

(45, 30)

┌ 45와 30의 공약수: _____
└ 45와 30의 최대공약수: _____

**15**

| 두 수 | (2, 8) |
|---|---|
| 공약수 | |
| 최대공약수 | |

**20**

| 두 수 | (20, 30) |
|---|---|
| 공약수 | |
| 최대공약수 | |

**16**

| 두 수 | (6, 12) |
|---|---|
| 공약수 | |
| 최대공약수 | |

**21**

| 두 수 | (16, 32) |
|---|---|
| 공약수 | |
| 최대공약수 | |

**17**

| 두 수 | (12, 20) |
|---|---|
| 공약수 | |
| 최대공약수 | |

**22**

| 두 수 | (30, 66) |
|---|---|
| 공약수 | |
| 최대공약수 | |

**18**

| 두 수 | (15, 27) |
|---|---|
| 공약수 | |
| 최대공약수 | |

**23**

| 두 수 | (84, 36) |
|---|---|
| 공약수 | |
| 최대공약수 | |

**19**

| 두 수 | (42, 14) |
|---|---|
| 공약수 | |
| 최대공약수 | |

**24**

| 두 수 | (45, 75) |
|---|---|
| 공약수 | |
| 최대공약수 | |

# 인간의 삶의 동반자, 미생물

교과서 약수와 배수

# 3 공배수와 최소공배수

✓ 공배수: 두 수의 공통된 배수
✓ 최소공배수: 두 수의 공배수 중에서 가장 작은 수
  예 8의 배수: 8, 16, 24, 32, 40, 48……
    12의 배수: 12, 24, 36, 48, 60……
    ➡ 8과 12의 공배수: 24, 48……
      8과 12의 최소공배수: 24

공배수는 두 수의 배수를 각각 구한 후 공통된 배수를 찾으면 돼요.

---

**1~4** 두 수의 배수를 각각 구하고 공배수를 구하시오. (단, 공배수는 가장 작은 수부터 3개 쓰시오.)

**1**  (4, 8)

┌ 4의 배수:
│  4, 8, 12, 16……
└ 8의 배수:
   8, 16, □, □ ……

➡ 4와 8의 공배수: _____

**3**  (12, 18)

┌ 12의 배수:
│  12, □, □, □ ……
└ 18의 배수:
   18, □, □, □ ……

➡ 12와 18의 공배수: _____

**2**  (5, 10)

┌ 5의 배수:
│  5, □, □, □ ……
└ 10의 배수:
   10, □, □, □ ……

➡ 5와 10의 공배수: _____

**4**  (16, 24)

┌ 16의 배수:
│  16, □, □, □ ……
└ 24의 배수:
   24, □, □, □ ……

➡ 16과 24의 공배수: _____

**5~14** 두 수의 공배수와 최소공배수를 구하시오. (단, 공배수는 가장 작은 수부터 3개 쓰시오.)

**5**
(3, 2)

├ 3과 2의 공배수: _____
└ 3과 2의 최소공배수: _____

**6**
(7, 14)

├ 7과 14의 공배수: _____
└ 7과 14의 최소공배수: _____

**7**
(9, 6)

├ 9와 6의 공배수: _____
└ 9와 6의 최소공배수: _____

**8**
(10, 4)

├ 10과 4의 공배수: _____
└ 10과 4의 최소공배수: _____

**9**
(8, 20)

├ 8과 20의 공배수: _____
└ 8과 20의 최소공배수: _____

**10**
(15, 12)

├ 15와 12의 공배수: _____
└ 15와 12의 최소공배수: _____

**11**
(25, 10)

├ 25와 10의 공배수: _____
└ 25와 10의 최소공배수: _____

**12**
(24, 18)

├ 24와 18의 공배수: _____
└ 24와 18의 최소공배수: _____

**13**
(48, 60)

├ 48과 60의 공배수: _____
└ 48과 60의 최소공배수: _____

**14**
(84, 42)

├ 84와 42의 공배수: _____
└ 84와 42의 최소공배수: _____

**15~24** 두 수의 공배수와 최소공배수를 구하시오. (단, 공배수는 가장 작은 수부터 3개 쓰시오.)

**15**

| 두 수 | (2, 7) |
|---|---|
| 공배수 | |
| 최소공배수 | |

**20**

| 두 수 | (14, 21) |
|---|---|
| 공배수 | |
| 최소공배수 | |

**16**

| 두 수 | (4, 6) |
|---|---|
| 공배수 | |
| 최소공배수 | |

**21**

| 두 수 | (16, 40) |
|---|---|
| 공배수 | |
| 최소공배수 | |

**17**

| 두 수 | (5, 15) |
|---|---|
| 공배수 | |
| 최소공배수 | |

**22**

| 두 수 | (45, 18) |
|---|---|
| 공배수 | |
| 최소공배수 | |

**18**

| 두 수 | (20, 10) |
|---|---|
| 공배수 | |
| 최소공배수 | |

**23**

| 두 수 | (22, 33) |
|---|---|
| 공배수 | |
| 최소공배수 | |

**19**

| 두 수 | (12, 16) |
|---|---|
| 공배수 | |
| 최소공배수 | |

**24**

| 두 수 | (36, 48) |
|---|---|
| 공배수 | |
| 최소공배수 | |

# 숨은 그림 찾기

다음 그림에서 숨은 그림 5개를 모두 찾아 ○표 하시오.

불가사리, 중절모, 호미, 뱀, 붓

교과서 약수와 배수

# 4 최대공약수 구하기

공부한 날    월    일

걸린 시간
분

✔ 16과 20의 최대공약수 구하기

（방법1） 가장 작은 수들의 곱으로 나타내어 최대공약수 구하기

$$16 = 2 \times 2 \times 2 \times 2, \ 20 = 2 \times 2 \times 5$$

➡ 16과 20의 최대공약수: $2 \times 2 = 4$

（방법2） 1 이외의 공약수로 나누어 보면서 최대공약수 구하기

16과 20의 공약수 • $2$ ） $16 \quad 20$
8과 10의 공약수 • $2$ ） $8 \quad 10$
$\qquad 4 \quad 5$

➡ 16과 20의 최대공약수: $2 \times 2 = 4$

가장 작은 수들의 곱으로 나타낸 식에서 공통으로 들어 있는 수들을 모두 곱하면 두 수의 최대공약수가 돼요.

---

**1~4** 두 수를 가장 작은 수들의 곱으로 나타내어 두 수의 최대공약수를 구하시오.

**1**  (4, 6)

$\begin{array}{l} 4 = 2 \times \boxed{\phantom{0}} \\ 6 = 2 \times \boxed{\phantom{0}} \end{array}$

➡ 4와 6의 최대공약수: $\boxed{\phantom{0}}$

**2**  (9, 21)

$\begin{array}{l} 9 = 3 \times \boxed{\phantom{0}} \\ 21 = 3 \times \boxed{\phantom{0}} \end{array}$

➡ 9와 21의 최대공약수: $\boxed{\phantom{0}}$

**3**  (14, 42)

$\begin{array}{l} 14 = 2 \times \boxed{\phantom{0}} \\ 42 = 2 \times 3 \times \boxed{\phantom{0}} \end{array}$

➡ 14와 42의 최대공약수: $\boxed{\phantom{0}}$

**4**  (39, 52)

$\begin{array}{l} 39 = 3 \times \boxed{\phantom{0}} \\ 52 = 2 \times 2 \times \boxed{\phantom{0}} \end{array}$

➡ 39와 52의 최대공약수: $\boxed{\phantom{0}}$

**5** ) 8  4

➡ 8과 4의 최대공약수: ☐

**6** ) 18  6

➡ 18과 6의 최대공약수: ☐

**7** ) 24  32

➡ 24와 32의 최대공약수: ☐

**8** ) 42  21

➡ 42와 21의 최대공약수: ☐

**9** ) 12  60

➡ 12와 60의 최대공약수: ☐

**10** ) 9  72

➡ 9와 72의 최대공약수: ☐

**11** ) 36  60

➡ 36과 60의 최대공약수: ☐

**12** ) 75  30

➡ 75와 30의 최대공약수: ☐

**13** ) 70  80

➡ 70과 80의 최대공약수: ☐

**14** ) 56  84

➡ 56과 84의 최대공약수: ☐

**15**
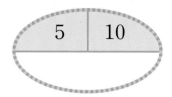
5 | 10

**16**
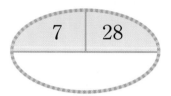
7 | 28

**17**
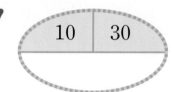
10 | 30

**18**
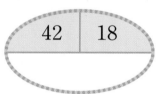
42 | 18

**19**
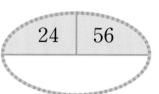
24 | 56

**20**
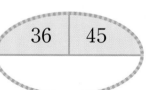
36 | 45

**21**
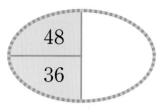
48
36

**22**
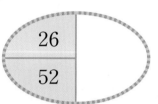
26
52

**23**
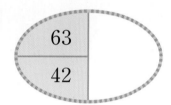
63
42

**24**
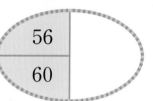
56
60

**25**
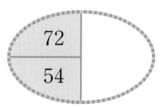
72
54

**26**
105
90

# 도둑은 누구일까요?

어느 날 한 박물관에 도둑이 들어 그림을 훔쳐 갔습니다. 사건 단서 ①, ②, ③의 결과에 해당하는 글자를 사건 단서 해독표에서 찾아 차례로 쓰면 도둑의 이름을 알 수 있습니다. 주어진 단서를 가지고 도둑의 이름을 알아보시오.

사건 단서 ①
16과 24의
최대공약수

사건 단서 ②
63과 84의
최대공약수

사건 단서 ③
28과 70의
최대공약수

사건 현장의 단서를 찾은 다음 오른쪽의 사건 단서 해독표를 이용하여 범인의 이름을 알아봐.

### <사건 단서 해독표>

| 명 | 20 | 석 | 14 | 박 | 3 | 문 | 28 |
|---|---|---|---|---|---|---|---|
| 혜 | 7 | 규 | 9 | 최 | 15 | 준 | 21 |
| 이 | 8 | 은 | 4 | 정 | 70 | 화 | 6 |
| 원 | 16 | 백 | 32 | 김 | 18 | 미 | 84 |

① ② ③

도둑의 이름은 [　] [　] [　] 입니다.

**풀 이**

답 _____

교과서 약수와 배수

# 5 최소공배수 구하기

공부한 날    월    일

걸린 시간    분

✔ 12와 18의 최소공배수 구하기

(방법1) 가장 작은 수들의 곱으로 나타내어 최소공배수 구하기

$12=2\times2\times3,\ 18=2\times3\times3$

➡ 12와 18의 최소공배수: $2\times3\times2\times3=36$

(방법2) 1 이외의 공약수로 나누어 보면서 최소공배수 구하기

12와 18의 공약수 ➝ 2 ) 12    18
6과 9의 공약수 ➝ 3 ) 6    9
                    2    3

➡ 12와 18의 최소공배수: $2\times3\times2\times3=36$

> 가장 작은 수들의 곱으로 나타낸 식에서 공통으로 들어 있는 수들과 나머지 수를 모두 곱하면 두 수의 최소공배수가 돼요.

1~4 두 수를 가장 작은 수들의 곱으로 나타내어 두 수의 최소공배수를 구하시오.

**1**  (4, 14)

$4=2\times\boxed{\phantom{0}}$

$14=2\times\boxed{\phantom{0}}$

➡ 4와 14의 최소공배수: $\boxed{\phantom{0}}$

**3**  (16, 20)

$16=2\times2\times2\times\boxed{\phantom{0}}$

$20=2\times2\times\boxed{\phantom{0}}$

➡ 16과 20의 최소공배수: $\boxed{\phantom{0}}$

**2**  (8, 12)

$8=2\times2\times\boxed{\phantom{0}}$

$12=2\times2\times\boxed{\phantom{0}}$

➡ 8과 12의 최소공배수: $\boxed{\phantom{0}}$

**4**  (28, 70)

$28=2\times2\times\boxed{\phantom{0}}$

$70=2\times5\times\boxed{\phantom{0}}$

➡ 28과 70의 최소공배수: $\boxed{\phantom{0}}$

**5~14** 두 수를 공약수로 나누어 보면서 최소공배수를 구하시오.

**5**　　) 6　9



➡ 6과 9의 최소공배수: ☐

**6**　　) 12　20



➡ 12와 20의 최소공배수: ☐

**7**　　) 28　14



➡ 28과 14의 최소공배수: ☐

**8**　　) 36　54



➡ 36과 54의 최소공배수: ☐

**9**　　) 45　18



➡ 45와 18의 최소공배수: ☐

**10**　　) 60　90



➡ 60과 90의 최소공배수: ☐

**11**　　) 45　75



➡ 45와 75의 최소공배수: ☐

**12**　　) 84　112



➡ 84와 112의 최소공배수: ☐

**13**　　) 90　40



➡ 90과 40의 최소공배수: ☐

**14**　　) 60　84



➡ 60과 84의 최소공배수: ☐

**15**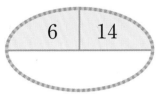

**21**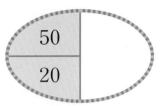

**16**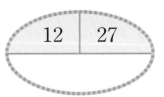

**22**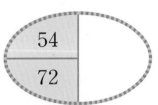

**17**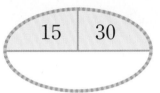

**23**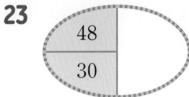

**18**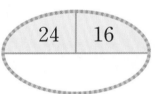

**24**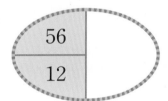

**19**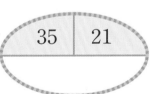

**25**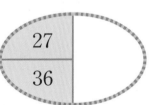

**20**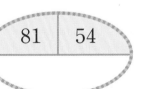

**26**

# 빙고 놀이

쏙셈 9권 **15일** - 4

석민이와 진숙이가 빙고 놀이를 하고 있습니다. 빙고 놀이에서 이긴 사람의 이름을 쓰시오.

---

**<빙고 놀이 방법>**

1. 가로, 세로 5칸인 놀이판에 1부터 100까지의 수 중 자유롭게 수를 적은 다음 석민이부터 서로 번갈아 가며 수를 말합니다.
2. 자신과 상대방이 말하는 수에 ✕표 합니다.
3. 가로, 세로, 대각선 중 한 줄에 있는 5개의 수에 모두 ✕표 한 경우 '빙고'를 외칩니다.
4. 먼저 '빙고'를 외치는 사람이 이깁니다.

---

## 석민이의 놀이판

| | | | | |
|---|---|---|---|---|
| 42 | ✕ | 78 | ✕ | ✕ |
| ✕ | 90 | 14 | ✕ | 6 |
| 80 | 48 | 10 | 60 | 24 |
| 56 | ✕ | 45 | 72 | ✕ |
| 21 | 30 | 69 | ✕ | 50 |

석민: 18과 24의 최소공배수
진숙: 30과 45의 최소공배수

## 진숙이의 놀이판

| | | | | |
|---|---|---|---|---|
| ✕ | 42 | 80 | 78 | 40 |
| 45 | ✕ | ✕ | 32 | ✕ |
| 60 | 30 | 72 | ✕ | 50 |
| ✕ | ✕ | 54 | 90 | 84 |
| 15 | 48 | 63 | 24 | ✕ |

석민          진숙

---

**풀 이**

답 _____

교과서 약수와 배수

# 단원 마무리 연산!

여러 가지 연산 문제로 단원을 마무리하여 연산왕에 도전해 보세요.

공부한 날     월     일     걸린 시간     분

**1~6** 약수를 모두 구하시오.

**1**
8의 약수

(                    )

**2**
15의 약수

(                    )

**3**
40의 약수

(                    )

**4**
56의 약수

(                    )

**5**
75의 약수

(                    )

**6**
92의 약수

(                    )

**7~12** 배수를 가장 작은 수부터 5개 쓰시오.

**7**
7의 배수

(                    )

**8**
9의 배수

(                    )

**9**
13의 배수

(                    )

**10**
17의 배수

(                    )

**11**
21의 배수

(                    )

**12**
35의 배수

(                    )

**13**

(8, 12)

┌ 8과 12의 공약수: _____

└ 8과 12의 최대공약수: _____

**18**

(4, 5)

┌ 4와 5의 공배수: _____

└ 4와 5의 최소공배수: _____

**14**

(15, 20)

┌ 15와 20의 공약수: _____

└ 15와 20의 최대공약수: _____

**19**

(9, 6)

┌ 9와 6의 공배수: _____

└ 9와 6의 최소공배수: _____

**15**

(14, 42)

┌ 14와 42의 공약수: _____

└ 14와 42의 최대공약수: _____

**20**

(16, 12)

┌ 16과 12의 공배수: _____

└ 16과 12의 최소공배수: _____

**16**

(30, 18)

┌ 30과 18의 공약수: _____

└ 30과 18의 최대공약수: _____

**21**

(18, 27)

┌ 18과 27의 공배수: _____

└ 18과 27의 최소공배수: _____

**17**

(40, 32)

┌ 40과 32의 공약수: _____

└ 40과 32의 최대공약수: _____

**22**

(24, 36)

┌ 24와 36의 공배수: _____

└ 24와 36의 최소공배수: _____

**23~27** 두 수의 최대공약수와 최소공배수를 구하시오.

**23**

| 두 수 | (4, 6) |
|---|---|
| 최대공약수 | |
| 최소공배수 | |

**24**

| 두 수 | (25, 20) |
|---|---|
| 최대공약수 | |
| 최소공배수 | |

**25**

| 두 수 | (16, 24) |
|---|---|
| 최대공약수 | |
| 최소공배수 | |

**26**

| 두 수 | (45, 18) |
|---|---|
| 최대공약수 | |
| 최소공배수 | |

**27**

| 두 수 | (36, 60) |
|---|---|
| 최대공약수 | |
| 최소공배수 | |

**28~31** ☐ 안에는 두 수의 최대공약수를, ◯ 안에는 두 수의 최소공배수를 써넣으시오.

**28**

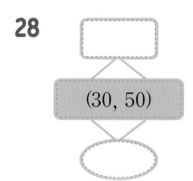

(30, 50)

**29**

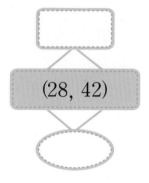

(28, 42)

**30**

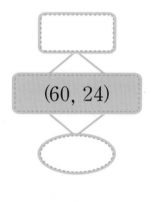

(60, 24)

**31**

(64, 72)

**32** 어떤 두 수가 있습니다. 이 두 수의 최대공약수가 9일 때 두 수의 공약수를 모두 구하시오.

답

**33** 색종이 20장과 도화지 35장을 될 수 있는 대로 많은 학생들에게 남김없이 똑같이 나누어 주려고 합니다. 몇 명까지 나누어 줄 수 있습니까?

답

**34** 주하는 8일마다 수영장에 가고 준서는 6일마다 수영장에 갑니다. 오늘 두 사람이 함께 수영장에 갔다면 바로 다음 번에 두 사람이 함께 수영장에 가는 날은 오늘부터 며칠 후입니까?

답

실력 Check! 채점하여 자신의 실력을 확인해 보세요!

| 맞힌 개수 | 32개 이상 | 연산왕! 참 잘했어요! |
| --- | --- | --- |
| 개/34개 | 24~31개 | 틀린 문제를 점검해요! |
| | 23개 이하 | 차근차근 다시 풀어요! |

엄마의 확인 Note 칭찬할 점과 주의할 점을 써주세요!

정답확인

| 칭찬 | |
| --- | --- |
| 주의 | |

쏙셈 9권 16일 - 4

교과서 약분과 통분

# 1 크기가 같은 분수 만들기

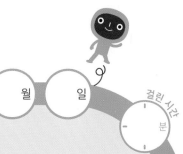

공부한 날   월   일

✔ 분모와 분자에 0이 아닌 같은 수를 곱하면 크기가 같은 분수가 됩니다.

예 $\dfrac{1}{3} = \dfrac{1 \times 2}{3 \times 2} = \dfrac{1 \times 3}{3 \times 3} = \dfrac{1 \times 4}{3 \times 4} = \cdots\cdots$ ➡ $\dfrac{1}{3} = \dfrac{2}{6} = \dfrac{3}{9} = \dfrac{4}{12} = \cdots\cdots$

✔ 분모와 분자를 0이 아닌 같은 수로 나누면 크기가 같은 분수가 됩니다.

예 $\dfrac{12}{30} = \dfrac{12 \div 2}{30 \div 2} = \dfrac{12 \div 3}{30 \div 3} = \dfrac{12 \div 6}{30 \div 6}$ ➡ $\dfrac{12}{30} = \dfrac{6}{15} = \dfrac{4}{10} = \dfrac{2}{5}$

[1~10] 분모와 분자에 같은 수를 곱하여 크기가 같은 분수를 분모가 가장 작은 것부터 차례로 3개 쓰시오.

**1** $\dfrac{1}{2}$  ( $\dfrac{\square}{4}$ , $\dfrac{\square}{6}$ , $\dfrac{\square}{8}$ )

**6** $\dfrac{6}{8}$  ( )

**2** $\dfrac{2}{3}$  ( $\dfrac{\square}{6}$ , $\dfrac{\square}{9}$ , $\dfrac{\square}{12}$ )

**7** $\dfrac{5}{9}$  ( )

**3** $\dfrac{3}{4}$  ( $\dfrac{\square}{8}$ , $\dfrac{\square}{12}$ , $\dfrac{\square}{\square}$ )

**8** $\dfrac{9}{10}$  ( )

**4** $\dfrac{4}{5}$  ( )

**9** $\dfrac{7}{11}$  ( )

**5** $\dfrac{2}{7}$  ( )

**10** $\dfrac{8}{15}$  ( )

**11~26** 분모와 분자를 같은 수로 나누어 크기가 같은 분수를 분모가 가장 큰 것부터 차례로 3개 쓰시오.

**11** $\dfrac{18}{24}$  ( $\dfrac{\square}{12}$ , $\dfrac{\square}{8}$ , $\dfrac{\square}{4}$ )

**12** $\dfrac{15}{30}$  ( $\dfrac{\square}{10}$ , $\dfrac{\square}{6}$ , $\dfrac{\square}{2}$ )

**13** $\dfrac{24}{36}$  ( $\dfrac{\square}{18}$ , $\dfrac{\square}{12}$ , $\dfrac{\square}{\square}$ )

**14** $\dfrac{32}{48}$  (                    )

**15** $\dfrac{12}{42}$  (                    )

**16** $\dfrac{30}{45}$  (                    )

**17** $\dfrac{24}{30}$  (                    )

**18** $\dfrac{45}{60}$  (                    )

**19** $\dfrac{24}{54}$  (                    )

**20** $\dfrac{30}{40}$  (                    )

**21** $\dfrac{48}{72}$  (                    )

**22** $\dfrac{42}{63}$  (                    )

**23** $\dfrac{36}{60}$  (                    )

**24** $\dfrac{60}{75}$  (                    )

**25** $\dfrac{42}{84}$  (                    )

**26** $\dfrac{54}{108}$  (                    )

**27~32** 분모와 분자에 같은 수를 곱하여 크기가 같은 분수를 분모가 가장 작은 것부터 차례로 3개 쓰시오.

**27** $\dfrac{2}{5}$

**28** $\dfrac{1}{4}$

**29** $\dfrac{8}{9}$

**30** $\dfrac{7}{12}$

**31** $\dfrac{6}{13}$

**32** $\dfrac{15}{16}$

**33~38** 분모와 분자를 같은 수로 나누어 크기가 같은 분수를 분모가 가장 큰 것부터 차례로 3개 쓰시오.

**33** $\dfrac{12}{24}$

**34** $\dfrac{18}{30}$

**35** $\dfrac{32}{56}$

**36** $\dfrac{45}{75}$

**37** $\dfrac{54}{84}$

**38** $\dfrac{60}{96}$

# 미로 찾기

알프스 소녀 하니는 피터를 만나러 가려고 합니다. 길을 찾아 선으로 이어 보시오.

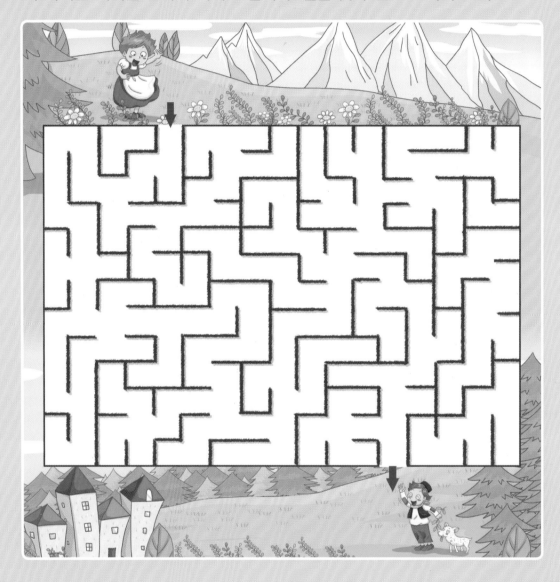

교과서 약분과 통분

# ② 약분

✔ **약분한다**: 분모와 분자를 그들의 공약수로 나누어 간단히 하는 것

예 $\dfrac{12}{18}$ 를 약분하기

12와 18의 공약수: 1, 2, 3, 6

➡ $\dfrac{12}{18} = \dfrac{12 \div 2}{18 \div 2} = \dfrac{6}{9}$, $\dfrac{12}{18} = \dfrac{12 \div 3}{18 \div 3} = \dfrac{4}{6}$, $\dfrac{12}{18} = \dfrac{12 \div 6}{18 \div 6} = \dfrac{2}{3}$

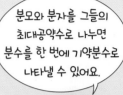

분모와 분자를 그들의 최대공약수로 나누면 분수를 한 번에 기약분수로 나타낼 수 있어요.

✔ **기약분수**: 분모와 분자의 공약수가 1뿐인 분수

예 $\dfrac{12}{18}$ 를 기약분수로 나타내기

12와 18의 최대공약수: 6 ➡ $\dfrac{12}{18} = \dfrac{12 \div 6}{18 \div 6} = \dfrac{2}{3}$

**1~10** 분수를 약분하여 나타낸 것입니다. □ 안에 알맞은 수를 써넣으시오.

**1** $\dfrac{3}{6} \Rightarrow \dfrac{\square}{2}$

**2** $\dfrac{8}{10} \Rightarrow \dfrac{\square}{5}$

**3** $\dfrac{4}{12} \Rightarrow \dfrac{\square}{6}, \dfrac{\square}{3}$

**4** $\dfrac{12}{16} \Rightarrow \dfrac{\square}{8}, \dfrac{\square}{4}$

**5** $\dfrac{9}{18} \Rightarrow \dfrac{\square}{6}, \dfrac{\square}{2}$

**6** $\dfrac{5}{20} \Rightarrow \dfrac{\square}{4}$

**7** $\dfrac{30}{36} \Rightarrow \dfrac{\square}{18}, \dfrac{\square}{12}, \dfrac{\square}{6}$

**8** $\dfrac{32}{48} \Rightarrow \dfrac{\square}{24}, \dfrac{\square}{12}, \dfrac{\square}{6}, \dfrac{\square}{3}$

**9** $\dfrac{42}{54} \Rightarrow \dfrac{\square}{27}, \dfrac{\square}{18}, \dfrac{\square}{9}$

**10** $\dfrac{64}{80} \Rightarrow \dfrac{\square}{40}, \dfrac{\square}{20}, \dfrac{\square}{10}, \dfrac{\square}{5}$

잘 풀었나 다시 자르세요

**11~26** 기약분수로 나타내시오.

**11** $\dfrac{3}{12}$　　( 　　　　　 )

**12** $\dfrac{15}{18}$　　( 　　　　　 )

**13** $\dfrac{5}{15}$　　( 　　　　　 )

**14** $\dfrac{8}{16}$　　( 　　　　　 )

**15** $\dfrac{35}{40}$　　( 　　　　　 )

**16** $\dfrac{18}{30}$　　( 　　　　　 )

**17** $\dfrac{13}{52}$　　( 　　　　　 )

**18** $\dfrac{14}{91}$　　( 　　　　　 )

**19** $\dfrac{12}{28}$　　( 　　　　　 )

**20** $\dfrac{9}{27}$　　( 　　　　　 )

**21** $\dfrac{12}{54}$　　( 　　　　　 )

**22** $\dfrac{27}{36}$　　( 　　　　　 )

**23** $\dfrac{14}{70}$　　( 　　　　　 )

**24** $\dfrac{20}{32}$　　( 　　　　　 )

**25** $\dfrac{48}{84}$　　( 　　　　　 )

**26** $\dfrac{36}{90}$　　( 　　　　　 )

**27**  $\dfrac{4}{10}$ ➡

**33**  $\dfrac{26}{39}$ ➡

**28**  $\dfrac{18}{24}$ ➡

**34**  $\dfrac{27}{45}$ ➡

**29**  $\dfrac{10}{55}$ ➡

**35**  $\dfrac{6}{84}$ ➡

**30**  $\dfrac{20}{52}$ ➡

**36**  $\dfrac{56}{72}$ ➡

**31**  $\dfrac{44}{66}$ ➡

**37**  $\dfrac{35}{42}$ ➡

**32**  $\dfrac{60}{75}$ ➡

**38**  $\dfrac{78}{91}$ ➡

Check! 채점하여 자신의 실력을 확인해 보세요!

엄마의 확인 Note 칭찬할 점과 주의할 점을 써주세요!

| 맞힌 개수 | 36개 이상 | 연산왕! 참 잘했어요! |
|---|---|---|
| | 27~35개 | 틀린 문제를 점검해요! |
| 개/38개 | 26개 이하 | 차근차근 다시 풀어요! |

정답확인

칭찬

주의

# 사다리 타기

쏙셈 9권 **18일** - 4

사다리 타기는 줄을 따라 내려가다가 가로로 놓인 선을 만나면 가로 선을 따라 맨 아래까지 내려가는 놀이입니다. 주어진 분수를 기약분수로 나타내어 사다리를 타고 내려가서 도착한 곳에 써넣으시오.

교과서 약분과 통분

# ③ 통분

✔ 통분한다: 분수의 분모를 같게 하는 것

✔ 공통분모: 통분한 분모

예 $\frac{3}{4}$과 $\frac{1}{6}$을 통분하기

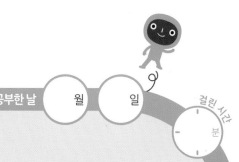

두 분수의 공통분모는 두 분모의 공배수이므로 최소공배수의 배수예요.

방법1 ▶ 분모의 곱을 공통분모로 하여 통분하기

$(\frac{3}{4}, \frac{1}{6}) \Rightarrow (\frac{3\times6}{4\times6}, \frac{1\times4}{6\times4}) \Rightarrow (\frac{18}{24}, \frac{4}{24})$

방법2 ▶ 분모의 최소공배수를 공통분모로 하여 통분하기

$(\frac{3}{4}, \frac{1}{6}) \Rightarrow (\frac{3\times3}{4\times3}, \frac{1\times2}{6\times2}) \Rightarrow (\frac{9}{12}, \frac{2}{12})$

**1~10** 분모의 곱을 공통분모로 하여 통분하시오.

**1** $(\frac{1}{3}, \frac{1}{4}) \Rightarrow ($          ,          $)$

**6** $(\frac{1}{2}, \frac{2}{3}) \Rightarrow ($          ,          $)$

**2** $(\frac{3}{4}, \frac{5}{6}) \Rightarrow ($          ,          $)$

**7** $(2\frac{1}{3}, 3\frac{5}{8}) \Rightarrow ($          ,          $)$

**3** $(\frac{2}{7}, \frac{11}{12}) \Rightarrow ($          ,          $)$

**8** $(\frac{3}{4}, \frac{5}{16}) \Rightarrow ($          ,          $)$

**4** $(\frac{7}{8}, \frac{5}{9}) \Rightarrow ($          ,          $)$

**9** $(1\frac{9}{10}, 1\frac{2}{5}) \Rightarrow ($          ,          $)$

**5** $(\frac{13}{15}, \frac{6}{7}) \Rightarrow ($          ,          $)$

**10** $(\frac{7}{12}, \frac{9}{14}) \Rightarrow ($          ,          $)$

**11~26** 분모의 최소공배수를 공통분모로 하여 통분하시오.

**11** $\left(\dfrac{1}{2}, \dfrac{1}{6}\right)$ ➡ (      ,      )    **19** $\left(\dfrac{2}{9}, \dfrac{1}{12}\right)$ ➡ (      ,      )

**12** $\left(\dfrac{3}{4}, \dfrac{2}{3}\right)$ ➡ (      ,      )    **20** $\left(\dfrac{1}{10}, \dfrac{4}{15}\right)$ ➡ (      ,      )

**13** $\left(\dfrac{1}{5}, \dfrac{3}{10}\right)$ ➡ (      ,      )    **21** $\left(4\dfrac{3}{8}, 1\dfrac{5}{14}\right)$ ➡ (      ,      )

**14** $\left(\dfrac{4}{7}, \dfrac{7}{28}\right)$ ➡ (      ,      )    **22** $\left(\dfrac{4}{15}, \dfrac{7}{18}\right)$ ➡ (      ,      )

**15** $\left(\dfrac{7}{8}, \dfrac{5}{12}\right)$ ➡ (      ,      )    **23** $\left(\dfrac{11}{16}, \dfrac{9}{20}\right)$ ➡ (      ,      )

**16** $\left(3\dfrac{2}{9}, 2\dfrac{13}{21}\right)$ ➡ (      ,      )    **24** $\left(\dfrac{7}{18}, \dfrac{8}{21}\right)$ ➡ (      ,      )

**17** $\left(\dfrac{5}{12}, \dfrac{7}{15}\right)$ ➡ (      ,      )    **25** $\left(\dfrac{3}{32}, \dfrac{5}{24}\right)$ ➡ (      ,      )

**18** $\left(1\dfrac{13}{20}, 2\dfrac{5}{8}\right)$ ➡ (      ,      )    **26** $\left(\dfrac{5}{18}, \dfrac{13}{27}\right)$ ➡ (      ,      )

**27** $\left(\dfrac{1}{2}, \dfrac{3}{4}\right)$ ➡ ( , )

**33** $\left(\dfrac{1}{4}, \dfrac{5}{8}\right)$ ➡ ( , )

**28** $\left(\dfrac{5}{6}, \dfrac{4}{7}\right)$ ➡ ( , )

**34** $\left(3\dfrac{2}{3}, 2\dfrac{5}{9}\right)$ ➡ ( , )

**29** $\left(\dfrac{7}{8}, \dfrac{8}{11}\right)$ ➡ ( , )

**35** $\left(\dfrac{4}{9}, \dfrac{7}{15}\right)$ ➡ ( , )

**30** $\left(1\dfrac{3}{4}, 3\dfrac{5}{16}\right)$ ➡ ( , )

**36** $\left(\dfrac{8}{15}, \dfrac{11}{21}\right)$ ➡ ( , )

**31** $\left(\dfrac{11}{12}, \dfrac{7}{9}\right)$ ➡ ( , )

**37** $\left(2\dfrac{3}{8}, 1\dfrac{7}{20}\right)$ ➡ ( , )

**32** $\left(\dfrac{3}{20}, \dfrac{10}{13}\right)$ ➡ ( , )

**38** $\left(\dfrac{13}{24}, \dfrac{5}{36}\right)$ ➡ ( , )

# 숨은 그림 찾기

다음 그림에서 숨은 그림 5개를 모두 찾아 ○표 하시오.

갈매기, 화살표, 선인장, 버섯, 당근

교과서 약분과 통분

# 4 두 분수의 크기 비교

공부한 날 　월　　일

✔ 분모가 다른 두 분수는 통분하여 분모를 같게 한 다음 분자의 크기를 비교합니다.

예 $\dfrac{7}{15}$과 $\dfrac{22}{45}$의 크기 비교

$\left(\dfrac{7}{15}, \dfrac{22}{45}\right) \Rightarrow \left(\dfrac{21}{45}, \dfrac{22}{45}\right) \Rightarrow \dfrac{7}{15} < \dfrac{22}{45}$

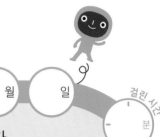

대분수의 크기 비교는 먼저 자연수 부분을 비교한 후 크기가 같으면 분수 부분을 비교해요.

**1~15** 두 분수의 크기를 비교하여 ○ 안에 >, =, <를 알맞게 써넣으시오.

**1** $\dfrac{1}{2}$ ○ $\dfrac{3}{7}$

**2** $\dfrac{5}{6}$ ○ $\dfrac{9}{10}$

**3** $\dfrac{6}{11}$ ○ $\dfrac{19}{40}$

**4** $\dfrac{7}{12}$ ○ $\dfrac{7}{18}$

**5** $\dfrac{9}{14}$ ○ $\dfrac{17}{24}$

**6** $\dfrac{2}{3}$ ○ $\dfrac{3}{4}$

**7** $\dfrac{23}{25}$ ○ $\dfrac{11}{12}$

**8** $2\dfrac{9}{26}$ ○ $2\dfrac{4}{13}$

**9** $\dfrac{13}{45}$ ○ $\dfrac{4}{15}$

**10** $1\dfrac{13}{21}$ ○ $1\dfrac{15}{28}$

**11** $\dfrac{6}{13}$ ○ $\dfrac{2}{5}$

**12** $1\dfrac{5}{16}$ ○ $1\dfrac{3}{8}$

**13** $3\dfrac{8}{15}$ ○ $3\dfrac{14}{25}$

**14** $2\dfrac{9}{22}$ ○ $2\dfrac{5}{16}$

**15** $\dfrac{9}{40}$ ○ $\dfrac{6}{25}$

채점하여 대를 자르세요

**16** $\dfrac{1}{7}$ ○ $\dfrac{1}{5}$

**17** $\dfrac{1}{4}$ ○ $\dfrac{3}{10}$

**18** $2\dfrac{6}{7}$ ○ $2\dfrac{3}{4}$

**19** $\dfrac{7}{9}$ ○ $\dfrac{9}{11}$

**20** $\dfrac{5}{12}$ ○ $\dfrac{7}{24}$

**21** $1\dfrac{2}{15}$ ○ $1\dfrac{3}{13}$

**22** $\dfrac{5}{18}$ ○ $\dfrac{4}{21}$

**23** $\dfrac{6}{13}$ ○ $\dfrac{3}{8}$

**24** $\dfrac{7}{8}$ ○ $\dfrac{3}{4}$

**25** $\dfrac{4}{15}$ ○ $\dfrac{5}{18}$

**26** $5\dfrac{13}{24}$ ○ $5\dfrac{16}{27}$

**27** $\dfrac{12}{35}$ ○ $\dfrac{9}{28}$

**28** $2\dfrac{13}{28}$ ○ $2\dfrac{5}{14}$

**29** $\dfrac{17}{40}$ ○ $\dfrac{11}{30}$

**30** $3\dfrac{4}{5}$ ○ $3\dfrac{5}{6}$

**31** $\dfrac{9}{11}$ ○ $\dfrac{7}{12}$

**32** $\dfrac{7}{10}$ ○ $\dfrac{8}{15}$

**33** $1\dfrac{11}{18}$ ○ $1\dfrac{9}{14}$

**34** $\dfrac{9}{22}$ ○ $\dfrac{14}{33}$

**35** $4\dfrac{27}{35}$ ○ $4\dfrac{23}{30}$

**36** $\dfrac{7}{48}$ ○ $\dfrac{11}{72}$

**37~44** 두 분수의 크기를 비교하여 더 큰 분수를 빈 곳에 써넣으시오.

**37**
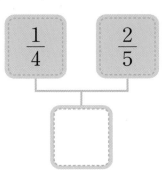

**38**
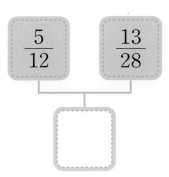

**39**
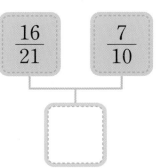

**40**
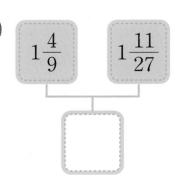

**41**
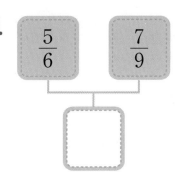

**42**
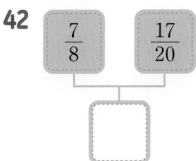

**43**
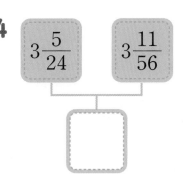

**44**

# 집 찾아가기

지윤이는 고모 댁에 가려고 합니다. 갈림길에서 더 큰 분수를 따라가면 고모 댁에 도착할 수 있습니다. 고모 댁을 찾아 번호를 쓰시오.

**풀이**

답 _____

교과서 약분과 통분

#  세 분수의 크기 비교

공부한 날 월 일 걸린 시간 분

✔ 분모가 다른 세 분수는 두 분수씩 통분하여 차례로 크기를 비교합니다.

예 $\frac{5}{6}$, $\frac{3}{5}$, $\frac{2}{3}$의 크기 비교

$(\frac{5}{6}, \frac{3}{5}) \rightarrow (\frac{25}{30}, \frac{18}{30}) \rightarrow \frac{5}{6} > \frac{3}{5}$

$(\frac{3}{5}, \frac{2}{3}) \rightarrow (\frac{9}{15}, \frac{10}{15}) \rightarrow \frac{3}{5} < \frac{2}{3}$

$(\frac{5}{6}, \frac{2}{3}) \rightarrow (\frac{5}{6}, \frac{4}{6}) \rightarrow \frac{5}{6} > \frac{2}{3}$

$\rightarrow \frac{3}{5} < \frac{2}{3} < \frac{5}{6}$

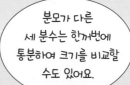 분모가 다른 세 분수는 한꺼번에 통분하여 크기를 비교할 수도 있어요.

**1~6** 세 분수의 크기를 비교하여 큰 분수부터 차례로 쓰시오.

**1**
$$\frac{1}{2} \quad \frac{1}{4} \quad \frac{1}{3}$$

( )

**2**
$$\frac{3}{4} \quad \frac{5}{6} \quad \frac{7}{8}$$

( )

**3**
$$\frac{7}{12} \quad \frac{8}{15} \quad \frac{3}{10}$$

( )

**4**
$$1\frac{3}{8} \quad 1\frac{5}{12} \quad 1\frac{1}{6}$$

( )

**5**
$$2\frac{3}{5} \quad 2\frac{7}{10} \quad 2\frac{2}{3}$$

( )

**6**
$$\frac{8}{9} \quad \frac{19}{27} \quad \frac{5}{6}$$

( )

**7~18** 세 분수의 크기를 비교하여 큰 분수부터 차례로 쓰시오.

**7**
$$\frac{2}{3} \quad \frac{3}{4} \quad \frac{4}{5}$$
(　　　　　　　　　)

**8**
$$\frac{1}{2} \quad \frac{1}{6} \quad \frac{5}{12}$$
(　　　　　　　　　)

**9**
$$\frac{3}{4} \quad \frac{7}{8} \quad \frac{7}{10}$$
(　　　　　　　　　)

**10**
$$1\frac{4}{7} \quad 1\frac{9}{14} \quad 1\frac{2}{3}$$
(　　　　　　　　　)

**11**
$$\frac{5}{12} \quad \frac{4}{15} \quad \frac{1}{2}$$
(　　　　　　　　　)

**12**
$$3\frac{8}{11} \quad 3\frac{3}{4} \quad 3\frac{5}{6}$$
(　　　　　　　　　)

**13**
$$\frac{8}{15} \quad \frac{2}{3} \quad \frac{1}{6}$$
(　　　　　　　　　)

**14**
$$2\frac{3}{4} \quad 2\frac{5}{16} \quad 2\frac{3}{8}$$
(　　　　　　　　　)

**15**
$$\frac{1}{3} \quad \frac{4}{21} \quad \frac{5}{14}$$
(　　　　　　　　　)

**16**
$$\frac{17}{24} \quad \frac{19}{32} \quad \frac{13}{16}$$
(　　　　　　　　　)

**17**
$$\frac{5}{8} \quad \frac{7}{12} \quad \frac{11}{20}$$
(　　　　　　　　　)

**18**
$$\frac{9}{14} \quad \frac{5}{6} \quad \frac{13}{18}$$
(　　　　　　　　　)

**19~26** 세 분수의 크기를 비교하여 가장 큰 분수를 빈 곳에 써넣으시오.

**19**
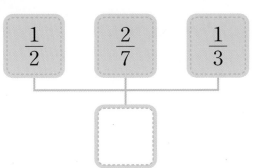

$\dfrac{1}{2}$   $\dfrac{2}{7}$   $\dfrac{1}{3}$

**23**
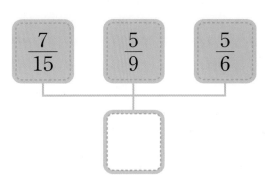

$\dfrac{7}{15}$   $\dfrac{5}{9}$   $\dfrac{5}{6}$

**20**
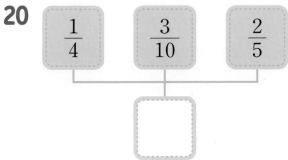

$\dfrac{1}{4}$   $\dfrac{3}{10}$   $\dfrac{2}{5}$

**24**
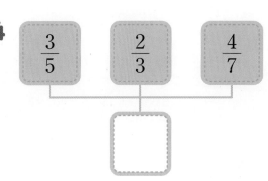

$\dfrac{3}{5}$   $\dfrac{2}{3}$   $\dfrac{4}{7}$

**21**
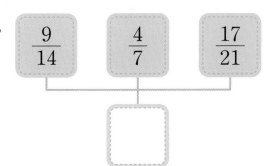

$\dfrac{9}{14}$   $\dfrac{4}{7}$   $\dfrac{17}{21}$

**25**
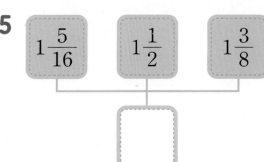

$1\dfrac{5}{16}$   $1\dfrac{1}{2}$   $1\dfrac{3}{8}$

**22**
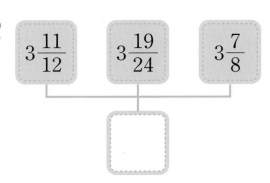

$3\dfrac{11}{12}$   $3\dfrac{19}{24}$   $3\dfrac{7}{8}$

**26**
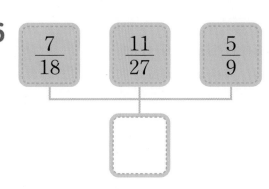

$\dfrac{7}{18}$   $\dfrac{11}{27}$   $\dfrac{5}{9}$

# 미국 팝아트의 제왕, 앤디 워홀

*팝아트: 1950년대 후반에 미국에서 일어난 미술의 한 형식으로, 파퓰러 아트(Popular Art, 대중 예술)를 줄인 말

교과서 약분과 통분

# 6 분수와 소수의 크기 비교

공부한 날    월    일

걸린 시간    분

✔ 분수와 소수의 크기 비교는 분수를 소수로 나타내어 소수끼리 비교하거나 소수를 분수로 나타내어 분수끼리 비교합니다.

예 $\frac{3}{5}$과 0.5의 크기 비교

분모가 10인 분수로 통분합니다.

《방법1》 $(\frac{3}{5}, 0.5)$ ➡ $(\frac{6}{10}, \frac{5}{10})$

➡ $\frac{3}{5} > 0.5$

$\frac{3}{5} = \frac{6}{10}$ 이므로 0.6입니다.

《방법2》 $(\frac{3}{5}, 0.5)$ ➡ $(0.6, 0.5)$

➡ $\frac{3}{5} > 0.5$

[1~15] 분수와 소수의 크기를 비교하여 ○ 안에 >, =, <를 알맞게 써넣으시오.

1  $\frac{2}{5}$ ◯ 0.8

2  $\frac{3}{4}$ ◯ 0.65

3  $\frac{11}{20}$ ◯ 0.42

4  $\frac{4}{25}$ ◯ 0.19

5  $\frac{1}{2}$ ◯ 0.4

6  0.35 ◯ $\frac{9}{10}$

7  0.5 ◯ $\frac{1}{5}$

8  0.62 ◯ $\frac{5}{8}$

9  0.45 ◯ $\frac{22}{50}$

10  0.8 ◯ $\frac{18}{20}$

11  $2\frac{1}{4}$ ◯ 2.25

12  $4\frac{18}{25}$ ◯ 4.71

13  $1\frac{15}{20}$ ◯ 1.69

14  $3\frac{3}{20}$ ◯ 3.2

15  $2\frac{26}{50}$ ◯ 2.43

**16~36** 분수와 소수의 크기를 비교하여 ○ 안에 >, =, <를 알맞게 써넣으시오.

**16** $0.21$ ◯ $\dfrac{1}{8}$

**23** $\dfrac{1}{2}$ ◯ $0.35$

**30** $0.3$ ◯ $\dfrac{24}{60}$

**17** $1.3$ ◯ $1\dfrac{1}{4}$

**24** $3\dfrac{49}{100}$ ◯ $3.46$

**31** $4.04$ ◯ $4\dfrac{1}{25}$

**18** $0.75$ ◯ $\dfrac{17}{20}$

**25** $\dfrac{11}{20}$ ◯ $0.5$

**32** $0.42$ ◯ $\dfrac{13}{26}$

**19** $2.05$ ◯ $2\dfrac{1}{5}$

**26** $\dfrac{3}{30}$ ◯ $0.1$

**33** $1.53$ ◯ $1\dfrac{33}{55}$

**20** $1.91$ ◯ $1\dfrac{9}{10}$

**27** $1\dfrac{3}{4}$ ◯ $1.35$

**34** $3.8$ ◯ $3\dfrac{6}{30}$

**21** $0.02$ ◯ $\dfrac{1}{25}$

**28** $\dfrac{2}{40}$ ◯ $0.06$

**35** $5.9$ ◯ $5\dfrac{32}{40}$

**22** $0.86$ ◯ $\dfrac{43}{50}$

**29** $\dfrac{23}{25}$ ◯ $0.93$

**36** $1.06$ ◯ $1\dfrac{12}{20}$

**37~46** 분수와 소수의 크기를 비교하여 빈 곳에 더 큰 수를 써넣으시오.

**37**
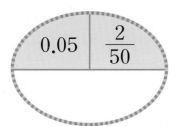

**42**
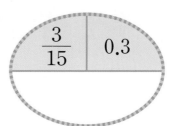

**38**
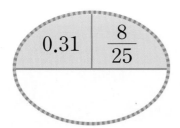

**43**
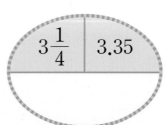

**39**
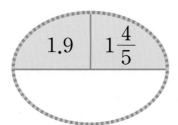

**44**
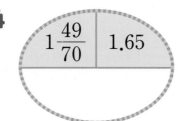

**40**
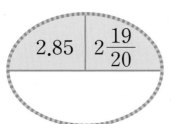

**45**
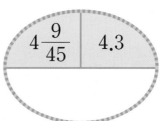

**41**
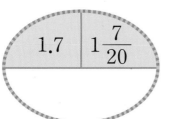

**46**
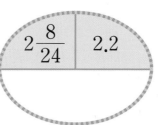

# 우주선 색칠하기

로봇은 조건에 맞게 우주선을 색칠하려고 합니다. 로봇이 타려고 하는 우주선을 찾아 기호를 쓰시오.

조건에 맞게 우주선을 색칠해 보자.
나는 모든 곳이 색칠된 우주선을 탈거야.

로봇

**조건**

· $1\frac{3}{5}$ 보다 작은 수에는 초록색을 색칠합니다.

· $2\frac{1}{4}$ 보다 큰 수에는 노란색을 색칠합니다.

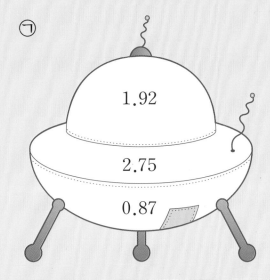

ㄱ

1.92
2.75
0.87

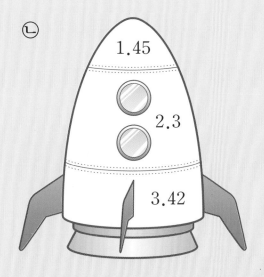

ㄴ

1.45
2.3
3.42

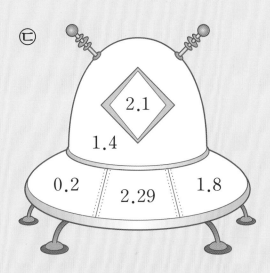

ㄷ

2.1
1.4
0.2  2.29  1.8

**풀 이**

답 _____

교과서 약분과 통분

# 단원 마무리 연산!

여러 가지 연산 문제로
단원을 마무리하여
연산왕에 도전해 보세요.

공부한날 월 일 걸린 시간 분

**1~6** 분모와 분자에 같은 수를 곱하여 크기가 같은 분수를 분모가 가장 작은 것부터 차례로 3개 쓰시오.

**7~12** 분모와 분자를 같은 수로 나누어 크기가 같은 분수를 분모가 가장 큰 것부터 차례로 3개 쓰시오.

**1** $\dfrac{1}{3}$ ( )

**7** $\dfrac{18}{24}$ ( )

**2** $\dfrac{4}{5}$ ( )

**8** $\dfrac{12}{18}$ ( )

**3** $\dfrac{2}{7}$ ( )

**9** $\dfrac{30}{60}$ ( )

**4** $\dfrac{3}{4}$ ( )

**10** $\dfrac{48}{56}$ ( )

**5** $\dfrac{7}{9}$ ( )

**11** $\dfrac{45}{90}$ ( )

**6** $\dfrac{5}{6}$ ( )

**12** $\dfrac{54}{72}$ ( )

**13** $\dfrac{6}{24}$ (　　　　)

**21** $\left(\dfrac{1}{4},\ \dfrac{4}{5}\right)$ ➡ (　　　,　　　)

**14** $\dfrac{10}{25}$ (　　　　)

**22** $\left(\dfrac{7}{8},\ \dfrac{2}{3}\right)$ ➡ (　　　,　　　)

**15** $\dfrac{28}{36}$ (　　　　)

**23** $\left(\dfrac{3}{5},\ \dfrac{6}{7}\right)$ ➡ (　　　,　　　)

**16** $\dfrac{16}{18}$ (　　　　)

**24** $\left(\dfrac{1}{2},\ \dfrac{7}{10}\right)$ ➡ (　　　,　　　)

**17** $\dfrac{12}{52}$ (　　　　)

**25** $\left(\dfrac{4}{9},\ \dfrac{5}{6}\right)$ ➡ (　　　,　　　)

**18** $\dfrac{63}{84}$ (　　　　)

**26** $\left(2\dfrac{1}{3},\ 3\dfrac{11}{13}\right)$ ➡ (　　　,　　　)

**19** $\dfrac{20}{45}$ (　　　　)

**27** $\left(4\dfrac{13}{16},\ 2\dfrac{3}{4}\right)$ ➡ (　　　,　　　)

**20** $\dfrac{39}{104}$ (　　　　)

**28** $\left(\dfrac{7}{10},\ \dfrac{8}{15}\right)$ ➡ (　　　,　　　)

**29** $\left(\dfrac{7}{8}, \dfrac{1}{4}\right)$ ➡ (      ,      )

**30** $\left(\dfrac{2}{15}, \dfrac{3}{10}\right)$ ➡ (      ,      )

**31** $\left(\dfrac{9}{16}, \dfrac{5}{12}\right)$ ➡ (      ,      )

**32** $\left(1\dfrac{1}{6}, 1\dfrac{8}{9}\right)$ ➡ (      ,      )

**33** $\left(\dfrac{23}{36}, \dfrac{17}{24}\right)$ ➡ (      ,      )

**34** $\left(\dfrac{8}{15}, \dfrac{7}{18}\right)$ ➡ (      ,      )

**35** $\left(\dfrac{11}{24}, \dfrac{29}{40}\right)$ ➡ (      ,      )

**36** $\left(\dfrac{9}{20}, \dfrac{3}{25}\right)$ ➡ (      ,      )

**37** $\dfrac{7}{10}$ ◯ $\dfrac{3}{5}$

**38** $\dfrac{2}{3}$ ◯ $\dfrac{7}{8}$

**39** $2\dfrac{17}{20}$ ◯ $2\dfrac{5}{6}$

**40** $1\dfrac{10}{13}$ ◯ $1\dfrac{11}{12}$

**41** $0.8$ ◯ $\dfrac{3}{4}$

**42** $1.5$ ◯ $1\dfrac{9}{15}$

**43** $\dfrac{11}{20}$ ◯ $0.6$

**44** $2\dfrac{1}{4}$ ◯ $2.3$

**45** 채영이와 석진이는 딸기를 모두 140개 땄습니다. 채영이가 딴 딸기가 60개일 때 석진이가 딴 딸기는 전체 딴 딸기의 몇 분의 몇인지 기약분수로 나타내시오.

답

**46** 냉장고에 오렌지주스가 $\frac{7}{12}$ L, 포도주스가 $\frac{5}{9}$ L 있습니다. 오렌지주스와 포도주스 중 어느 것이 더 많습니까?

답

**47** 마트에서 산 망고의 무게는 $1\frac{5}{6}$ kg, 멜론의 무게는 1.75 kg, 자몽의 무게는 $1\frac{11}{12}$ kg입니다. 망고, 멜론, 자몽 중에서 가장 무거운 것은 무엇입니까?

| 망고 | 멜론 | 자몽 |

답

**Check!** 채점하여 자신의 실력을 확인해 보세요!

| 맞힌 개수 | 45개 이상 | 연산왕! 참 잘했어요! |
| --- | --- | --- |
| | 33~44개 | 틀린 문제를 점검해요! |
| 개/47개 | 32개 이하 | 차근차근 다시 풀어요! |

엄마의 확인 **Note** 칭찬할 점과 주의할 점을 써주세요!

정답확인

| 칭찬 | |
| --- | --- |
| 주의 | |

쏙셈 9권 **23일** - 4

교과서 분수의 덧셈과 뺄셈

# 1 받아올림이 없는 진분수의 덧셈 (1)

공부한 날 　월　 　일

걸린 시간 　분

✓ 받아올림이 없는 진분수의 덧셈은 두 분수를 통분한 다음 통분한 분모는 그대로 두고 분자끼리 더합니다.

예 $\dfrac{3}{4} + \dfrac{1}{6} = \dfrac{3\times 3}{4\times 3} + \dfrac{1\times 2}{6\times 2}$ → 분모의 최소공배수를 공통분모로 하여 통분하기

$\qquad = \dfrac{9}{12} + \dfrac{2}{12}$

$\qquad = \dfrac{11}{12}$

두 분모의 곱을 공통분모로 하여 통분한 후 계산해도 돼요.

---

**1~15** 계산을 하여 기약분수로 나타내시오.

**1** $\dfrac{1}{2} + \dfrac{1}{5}$

**2** $\dfrac{1}{4} + \dfrac{1}{3}$

**3** $\dfrac{3}{8} + \dfrac{1}{2}$

**4** $\dfrac{2}{5} + \dfrac{2}{9}$

**5** $\dfrac{2}{3} + \dfrac{1}{7}$

**6** $\dfrac{1}{5} + \dfrac{4}{7}$

**7** $\dfrac{4}{15} + \dfrac{5}{18}$

**8** $\dfrac{3}{8} + \dfrac{7}{16}$

**9** $\dfrac{4}{9} + \dfrac{5}{12}$

**10** $\dfrac{2}{5} + \dfrac{3}{10}$

**11** $\dfrac{1}{8} + \dfrac{7}{20}$

**12** $\dfrac{3}{14} + \dfrac{5}{21}$

**13** $\dfrac{8}{21} + \dfrac{12}{35}$

**14** $\dfrac{12}{25} + \dfrac{4}{15}$

**15** $\dfrac{3}{40} + \dfrac{7}{100}$

점선 따라 대로 자르세요

**16** $\dfrac{1}{5}+\dfrac{1}{3}$

**23** $\dfrac{7}{12}+\dfrac{1}{16}$

**30** $\dfrac{5}{16}+\dfrac{5}{18}$

**17** $\dfrac{2}{3}+\dfrac{1}{6}$

**24** $\dfrac{3}{8}+\dfrac{2}{5}$

**31** $\dfrac{4}{13}+\dfrac{7}{52}$

**18** $\dfrac{1}{2}+\dfrac{1}{8}$

**25** $\dfrac{2}{3}+\dfrac{4}{15}$

**32** $\dfrac{2}{35}+\dfrac{7}{20}$

**19** $\dfrac{1}{4}+\dfrac{2}{5}$

**26** $\dfrac{3}{10}+\dfrac{3}{5}$

**33** $\dfrac{5}{12}+\dfrac{11}{30}$

**20** $\dfrac{1}{6}+\dfrac{3}{8}$

**27** $\dfrac{1}{8}+\dfrac{5}{12}$

**34** $\dfrac{11}{32}+\dfrac{7}{24}$

**21** $\dfrac{2}{9}+\dfrac{1}{5}$

**28** $\dfrac{2}{15}+\dfrac{5}{21}$

**35** $\dfrac{9}{20}+\dfrac{6}{25}$

**22** $\dfrac{3}{5}+\dfrac{2}{7}$

**29** $\dfrac{2}{9}+\dfrac{1}{6}$

**36** $\dfrac{3}{50}+\dfrac{8}{75}$

**37**

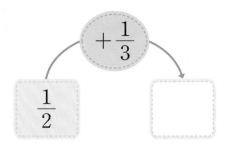

$+\dfrac{1}{3}$

$\dfrac{1}{2}$

**38**

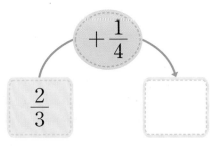

$+\dfrac{1}{4}$

$\dfrac{2}{3}$

**39**

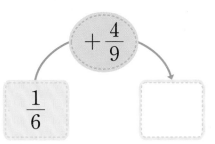

$+\dfrac{4}{9}$

$\dfrac{1}{6}$

**40**

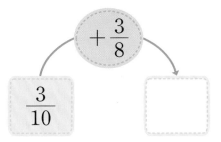

$+\dfrac{3}{8}$

$\dfrac{3}{10}$

**41**

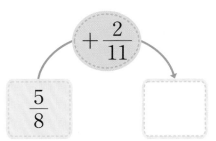

$+\dfrac{2}{11}$

$\dfrac{5}{8}$

**42**

$\dfrac{5}{13}$  $+\dfrac{3}{26}$

**43**

$\dfrac{4}{15}$  $+\dfrac{7}{18}$

**44**

$\dfrac{1}{4}$  $+\dfrac{5}{12}$

**45**

$\dfrac{10}{21}$  $+\dfrac{9}{28}$

**46**

$\dfrac{3}{16}$  $+\dfrac{13}{32}$

# 길 찾기

재호는 민아를 만나러 가려고 합니다. 길에 적힌 덧셈식을 계산한 값이 $\frac{11}{12}$인 식을 따라가면 민아를 만날 수 있습니다. 길을 찾아 선으로 이어 보시오.

| | | | |
|---|---|---|---|
| 출발 | $\frac{5}{12} + \frac{1}{2}$ | $\frac{1}{2} + \frac{4}{9}$ | $\frac{3}{8} + \frac{1}{4}$ |
| $\frac{13}{36} + \frac{5}{12}$ | $\frac{1}{12} + \frac{5}{6}$ | $\frac{2}{3} + \frac{1}{4}$ | $\frac{5}{16} + \frac{7}{24}$ |
| $\frac{2}{9} + \frac{1}{5}$ | $\frac{3}{7} + \frac{5}{14}$ | $\frac{1}{3} + \frac{7}{12}$ | $\frac{11}{20} + \frac{5}{12}$ |
| $\frac{4}{15} + \frac{9}{20}$ | $\frac{22}{45} + \frac{7}{15}$ | $\frac{3}{8} + \frac{13}{24}$ | $\frac{1}{6} + \frac{3}{4}$ |
| $\frac{5}{16} + \frac{1}{8}$ | $\frac{11}{24} + \frac{13}{36}$ | $\frac{3}{4} + \frac{3}{20}$ | 도착 |

계산해서 $\frac{11}{12}$이 나오는 식을 따라가야 해.

재호

진분수의 덧셈을 계산할 때 통분에 주의하구~

민아

교과서 분수의 덧셈과 뺄셈

# 받아올림이 없는 진분수의 덧셈 (2)

예 $\dfrac{5}{6} + \dfrac{1}{9} = \dfrac{5 \times 3}{6 \times 3} + \dfrac{1 \times 2}{9 \times 2}$

$= \dfrac{15}{18} + \dfrac{2}{18}$

$= \dfrac{17}{18}$

두 분수를 통분한 다음 통분한 분모는 그대로 두고 분자끼리 더해요.

**1~15** 계산을 하여 기약분수로 나타내시오.

**1** $\dfrac{1}{5} + \dfrac{2}{3}$

**2** $\dfrac{1}{3} + \dfrac{1}{7}$

**3** $\dfrac{3}{4} + \dfrac{1}{8}$

**4** $\dfrac{4}{7} + \dfrac{1}{3}$

**5** $\dfrac{1}{6} + \dfrac{3}{4}$

**6** $\dfrac{3}{5} + \dfrac{2}{9}$

**7** $\dfrac{3}{8} + \dfrac{3}{5}$

**8** $\dfrac{4}{15} + \dfrac{1}{9}$

**9** $\dfrac{1}{6} + \dfrac{2}{3}$

**10** $\dfrac{5}{18} + \dfrac{1}{6}$

**11** $\dfrac{5}{12} + \dfrac{7}{24}$

**12** $\dfrac{5}{28} + \dfrac{8}{21}$

**13** $\dfrac{5}{27} + \dfrac{13}{36}$

**14** $\dfrac{1}{15} + \dfrac{11}{105}$

**15** $\dfrac{25}{63} + \dfrac{7}{126}$

**16** $\dfrac{1}{4} + \dfrac{1}{6}$

**23** $\dfrac{2}{7} + \dfrac{3}{8}$

**30** $\dfrac{7}{15} + \dfrac{4}{9}$

**17** $\dfrac{2}{3} + \dfrac{1}{5}$

**24** $\dfrac{3}{14} + \dfrac{4}{7}$

**31** $\dfrac{7}{10} + \dfrac{1}{5}$

**18** $\dfrac{3}{8} + \dfrac{1}{2}$

**25** $\dfrac{3}{4} + \dfrac{3}{16}$

**32** $\dfrac{5}{12} + \dfrac{7}{20}$

**19** $\dfrac{1}{5} + \dfrac{2}{7}$

**26** $\dfrac{2}{3} + \dfrac{2}{9}$

**33** $\dfrac{12}{35} + \dfrac{5}{28}$

**20** $\dfrac{4}{9} + \dfrac{5}{18}$

**27** $\dfrac{4}{15} + \dfrac{2}{5}$

**34** $\dfrac{11}{20} + \dfrac{7}{32}$

**21** $\dfrac{3}{7} + \dfrac{1}{6}$

**28** $\dfrac{9}{20} + \dfrac{5}{12}$

**35** $\dfrac{5}{22} + \dfrac{4}{33}$

**22** $\dfrac{5}{12} + \dfrac{7}{60}$

**29** $\dfrac{7}{30} + \dfrac{3}{10}$

**36** $\dfrac{13}{48} + \dfrac{49}{144}$

**37**

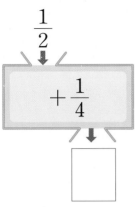

$\dfrac{1}{2}$

$+\dfrac{1}{4}$

**38**

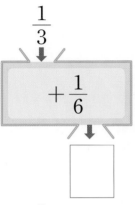

$\dfrac{1}{3}$

$+\dfrac{1}{6}$

**39**

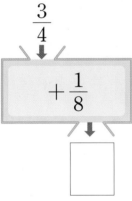

$\dfrac{3}{4}$

$+\dfrac{1}{8}$

**40**

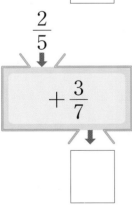

$\dfrac{2}{5}$

$+\dfrac{3}{7}$

**41**

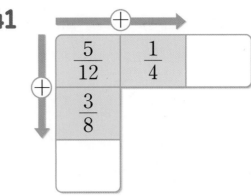

$\dfrac{5}{12}$ $\dfrac{1}{4}$

$\dfrac{3}{8}$

**42**

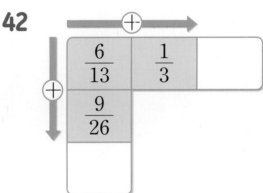

$\dfrac{6}{13}$ $\dfrac{1}{3}$

$\dfrac{9}{26}$

**43**

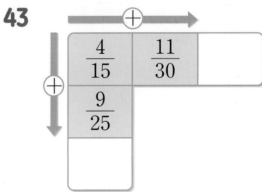

$\dfrac{4}{15}$ $\dfrac{11}{30}$

$\dfrac{9}{25}$

**44**

$\dfrac{5}{16}$ $\dfrac{7}{24}$

$\dfrac{9}{32}$

# 다른 그림 찾기

쑥셈 9권 25일 - 4

아래 사진에서 위 사진과 다른 부분 5군데를 모두 찾아 ○표 하시오.

정답

**교과서** 분수의 덧셈과 뺄셈

# 3 받아올림이 있는 진분수의 덧셈 (1)

공부한 날 ○ 월 ○ 일

걸린 시간 분

✔ 받아올림이 있는 진분수의 덧셈은 두 분수를 통분한 다음 통분한 분모는 그대로 두고 분자끼리 더합니다.

(예) $\dfrac{5}{6} + \dfrac{3}{8} = \dfrac{5 \times 4}{6 \times 4} + \dfrac{3 \times 3}{8 \times 3}$ → 분모의 최소공배수를 공통분모로 하여 통분하기

$= \dfrac{20}{24} + \dfrac{9}{24}$

$= \dfrac{29}{24} = 1\dfrac{5}{24}$

분수의 합이 가분수가 되면 자연수에 1을 받아올림해요.

**1~15** 계산을 하여 기약분수로 나타내시오.

**1** $\dfrac{1}{2} + \dfrac{7}{8}$

**2** $\dfrac{4}{5} + \dfrac{1}{3}$

**3** $\dfrac{5}{6} + \dfrac{1}{4}$

**4** $\dfrac{3}{4} + \dfrac{3}{5}$

**5** $\dfrac{5}{8} + \dfrac{4}{5}$

**6** $\dfrac{8}{9} + \dfrac{5}{6}$

**7** $\dfrac{9}{10} + \dfrac{1}{2}$

**8** $\dfrac{8}{15} + \dfrac{11}{20}$

**9** $\dfrac{7}{12} + \dfrac{13}{14}$

**10** $\dfrac{8}{9} + \dfrac{14}{27}$

**11** $\dfrac{9}{16} + \dfrac{15}{28}$

**12** $\dfrac{17}{30} + \dfrac{25}{36}$

**13** $\dfrac{26}{45} + \dfrac{9}{20}$

**14** $\dfrac{13}{16} + \dfrac{31}{64}$

**15** $\dfrac{37}{55} + \dfrac{100}{110}$

**16** $\dfrac{3}{4} + \dfrac{1}{3}$

**23** $\dfrac{2}{5} + \dfrac{9}{10}$

**30** $\dfrac{7}{8} + \dfrac{13}{18}$

**17** $\dfrac{1}{2} + \dfrac{4}{5}$

**24** $\dfrac{6}{7} + \dfrac{1}{2}$

**31** $\dfrac{11}{15} + \dfrac{13}{30}$

**18** $\dfrac{2}{3} + \dfrac{3}{4}$

**25** $\dfrac{10}{21} + \dfrac{4}{7}$

**32** $\dfrac{12}{35} + \dfrac{17}{25}$

**19** $\dfrac{14}{15} + \dfrac{2}{3}$

**26** $\dfrac{9}{10} + \dfrac{3}{5}$

**33** $\dfrac{17}{24} + \dfrac{21}{32}$

**20** $\dfrac{8}{9} + \dfrac{1}{5}$

**27** $\dfrac{11}{15} + \dfrac{13}{21}$

**34** $\dfrac{7}{18} + \dfrac{19}{27}$

**21** $\dfrac{7}{8} + \dfrac{7}{12}$

**28** $\dfrac{3}{4} + \dfrac{5}{6}$

**35** $\dfrac{31}{40} + \dfrac{11}{25}$

**22** $\dfrac{4}{5} + \dfrac{4}{7}$

**29** $\dfrac{4}{9} + \dfrac{11}{12}$

**36** $\dfrac{22}{35} + \dfrac{59}{140}$

**37**

$$\frac{5}{6} \rightarrow \boxed{+\frac{1}{5}} \rightarrow \square$$

**38**

$$\frac{3}{4} \rightarrow \boxed{+\frac{7}{8}} \rightarrow \square$$

**39**

$$\frac{4}{9} \rightarrow \boxed{+\frac{2}{3}} \rightarrow \square$$

**40**

$$\frac{11}{12} \rightarrow \boxed{+\frac{1}{3}} \rightarrow \square$$

**41**

$$\frac{2}{3} \rightarrow \boxed{+\frac{4}{7}} \rightarrow \square$$

**42** $+$

| | | |
|---|---|---|
| $\frac{5}{6}$ | $\frac{5}{9}$ | |
| $\frac{9}{10}$ | $\frac{7}{8}$ | |

**43** $+$

| | | |
|---|---|---|
| $\frac{5}{16}$ | $\frac{3}{4}$ | |
| $\frac{11}{21}$ | $\frac{5}{7}$ | |

**44** $+$

| | | |
|---|---|---|
| $\frac{16}{25}$ | $\frac{7}{10}$ | |
| $\frac{19}{40}$ | $\frac{21}{32}$ | |

**45** $+$

| | | |
|---|---|---|
| $\frac{27}{32}$ | $\frac{17}{24}$ | |
| $\frac{13}{20}$ | $\frac{23}{30}$ | |

**46** $+$

| | | |
|---|---|---|
| $\frac{11}{14}$ | $\frac{9}{28}$ | |
| $\frac{9}{10}$ | $\frac{16}{35}$ | |

# 고사성어

다음 식의 계산 결과에 해당하는 글자를 보기 에서 찾아 아래 표의 빈칸에 차례로 써넣으면 고사성어가 완성됩니다. 완성된 고사성어를 쓰시오.

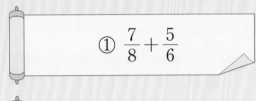

① $\dfrac{7}{8} + \dfrac{5}{6}$

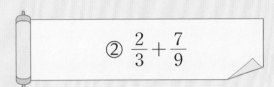

② $\dfrac{2}{3} + \dfrac{7}{9}$

③ $\dfrac{5}{7} + \dfrac{3}{4}$

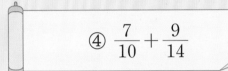

④ $\dfrac{7}{10} + \dfrac{9}{14}$

보기

| $1\dfrac{5}{18}$ | $1\dfrac{13}{28}$ | $1\dfrac{9}{10}$ | $1\dfrac{4}{9}$ | $1\dfrac{5}{12}$ | $1\dfrac{13}{21}$ | $1\dfrac{17}{24}$ | $1\dfrac{9}{16}$ | $1\dfrac{12}{35}$ | $1\dfrac{5}{14}$ |
|---|---|---|---|---|---|---|---|---|---|
| 마 | 해 | 풍 | 자 | 이 | 전 | 결 | 동 | 지 | 진 |

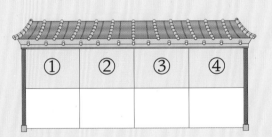

| ① | ② | ③ | ④ |
|---|---|---|---|
|   |   |   |   |

완성된 단어는 어떤 뜻의 고사성어야?

매듭을 묶은 자가 풀어야 한다는 뜻으로 일을 저지른 사람이 해결해야 함을 비유하는 고사성어야.

풀 이

답

교과서 분수의 덧셈과 뺄셈

# 4 받아올림이 있는 진분수의 덧셈 (2)

쏙셈 9권 27일 - 1

걸린 시간 　분

예 $\dfrac{4}{9}+\dfrac{5}{6}=\dfrac{4\times2}{9\times2}+\dfrac{5\times3}{6\times3}$

$=\dfrac{8}{18}+\dfrac{15}{18}$

$=\dfrac{23}{18}=1\dfrac{5}{18}$

계산 결과가 가분수이면 대분수로 바꿔 써 볼까요?

1~15 계산을 하여 기약분수로 나타내시오.

**1** $\dfrac{2}{3}+\dfrac{1}{2}$

**2** $\dfrac{5}{6}+\dfrac{3}{4}$

**3** $\dfrac{3}{5}+\dfrac{4}{7}$

**4** $\dfrac{2}{3}+\dfrac{7}{9}$

**5** $\dfrac{5}{9}+\dfrac{6}{7}$

**6** $\dfrac{14}{15}+\dfrac{7}{10}$

**7** $\dfrac{5}{7}+\dfrac{11}{14}$

**8** $\dfrac{7}{12}+\dfrac{13}{20}$

**9** $\dfrac{17}{24}+\dfrac{5}{8}$

**10** $\dfrac{13}{20}+\dfrac{7}{10}$

**11** $\dfrac{11}{12}+\dfrac{11}{15}$

**12** $\dfrac{25}{28}+\dfrac{16}{35}$

**13** $\dfrac{16}{33}+\dfrac{10}{11}$

**14** $\dfrac{27}{50}+\dfrac{49}{90}$

**15** $\dfrac{22}{45}+\dfrac{11}{15}$

**16~36** 계산을 하여 기약분수로 나타내시오.

**16** $\dfrac{3}{4} + \dfrac{3}{5}$

**17** $\dfrac{4}{7} + \dfrac{2}{3}$

**18** $\dfrac{5}{8} + \dfrac{3}{4}$

**19** $\dfrac{7}{12} + \dfrac{5}{6}$

**20** $\dfrac{9}{14} + \dfrac{4}{7}$

**21** $\dfrac{7}{9} + \dfrac{14}{27}$

**22** $\dfrac{7}{22} + \dfrac{9}{10}$

**23** $\dfrac{3}{8} + \dfrac{7}{11}$

**24** $\dfrac{8}{13} + \dfrac{4}{5}$

**25** $\dfrac{5}{9} + \dfrac{13}{18}$

**26** $\dfrac{13}{15} + \dfrac{14}{25}$

**27** $\dfrac{9}{22} + \dfrac{9}{11}$

**28** $\dfrac{7}{10} + \dfrac{18}{25}$

**29** $\dfrac{9}{19} + \dfrac{51}{76}$

**30** $\dfrac{11}{15} + \dfrac{17}{30}$

**31** $\dfrac{15}{32} + \dfrac{19}{20}$

**32** $\dfrac{7}{12} + \dfrac{13}{24}$

**33** $\dfrac{22}{27} + \dfrac{7}{30}$

**34** $\dfrac{7}{15} + \dfrac{39}{50}$

**35** $\dfrac{10}{21} + \dfrac{19}{28}$

**36** $\dfrac{21}{40} + \dfrac{33}{64}$

**37**

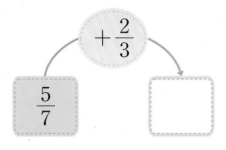

$\frac{5}{7} \quad +\frac{2}{3}$

**38**

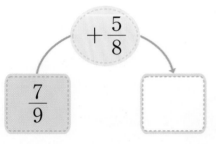

$\frac{7}{9} \quad +\frac{5}{8}$

**39**

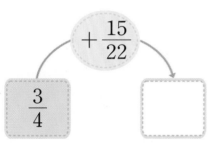

$\frac{3}{4} \quad +\frac{15}{22}$

**40**

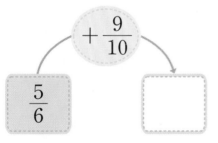

$\frac{5}{6} \quad +\frac{9}{10}$

**41**

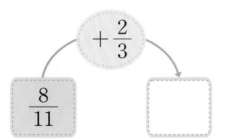

$\frac{8}{11} \quad +\frac{2}{3}$

**42**

$\frac{8}{15} \quad +\frac{7}{10}$

**43**

$\frac{11}{20} \quad +\frac{17}{30}$

**44**

$\frac{12}{13} \quad +\frac{20}{39}$

**45**

$\frac{11}{18} \quad +\frac{19}{24}$

**46**

$\frac{10}{21} \quad +\frac{29}{42}$

# 퍼즐 비밀번호는 무엇일까요?

보물함의 비밀번호는 보기에 있는 계산 결과를 대분수로 나타냈을 때 분자를 차례로 이어 붙여 쓴 것입니다. 비밀번호를 구하시오.

보기

① $\dfrac{3}{5} + \dfrac{7}{10}$   ② $\dfrac{11}{18} + \dfrac{5}{6}$

③ $\dfrac{9}{14} + \dfrac{10}{21}$   ④ $\dfrac{7}{20} + \dfrac{11}{15}$

진분수의 덧셈을 하여 분자를 구해야 해.

비밀번호

| ① | ② | ③ | ④ |

답은 기약분수로 나타내야함을 잊지망

풀이

답 _____

교과서 분수의 덧셈과 뺄셈

# 5 받아올림이 있는 진분수의 덧셈 (3)

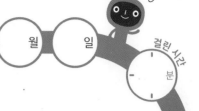

집중하여 정확하고 빠르게 문제를 풀어 보세요.

공부한 날    월    일

걸린 시간 분

**1~21** 계산을 하여 기약분수로 나타내시오.

**1** $\dfrac{3}{5} + \dfrac{1}{2} = 1\dfrac{1}{10}$

**2** $\dfrac{3}{4} + \dfrac{5}{6}$

**3** $\dfrac{2}{3} + \dfrac{4}{7}$

**4** $\dfrac{5}{8} + \dfrac{4}{5}$

**5** $\dfrac{1}{3} + \dfrac{3}{4}$

**6** $\dfrac{1}{2} + \dfrac{6}{11}$

**7** $\dfrac{5}{9} + \dfrac{7}{10}$

**8** $\dfrac{6}{7} + \dfrac{2}{3}$

**9** $\dfrac{14}{15} + \dfrac{3}{10}$

**10** $\dfrac{7}{8} + \dfrac{5}{9}$

**11** $\dfrac{11}{13} + \dfrac{3}{5}$

**12** $\dfrac{5}{6} + \dfrac{7}{10}$

**13** $\dfrac{13}{20} + \dfrac{19}{30}$

**14** $\dfrac{7}{12} + \dfrac{29}{40}$

**15** $\dfrac{5}{12} + \dfrac{11}{14}$

**16** $\dfrac{7}{9} + \dfrac{2}{3}$

**17** $\dfrac{27}{40} + \dfrac{17}{50}$

**18** $\dfrac{25}{49} + \dfrac{31}{35}$

**19** $\dfrac{19}{36} + \dfrac{23}{30}$

**20** $\dfrac{23}{24} + \dfrac{1}{3}$

**21** $\dfrac{71}{130} + \dfrac{48}{65}$

**22** $\dfrac{3}{4} + \dfrac{7}{9}$

**29** $\dfrac{10}{33} + \dfrac{8}{11}$

**36** $\dfrac{4}{9} + \dfrac{7}{10}$

**23** $\dfrac{5}{6} + \dfrac{2}{5}$

**30** $\dfrac{9}{16} + \dfrac{17}{18}$

**37** $\dfrac{28}{55} + \dfrac{14}{15}$

**24** $\dfrac{9}{11} + \dfrac{1}{2}$

**31** $\dfrac{17}{24} + \dfrac{2}{5}$

**38** $\dfrac{7}{20} + \dfrac{11}{12}$

**25** $\dfrac{13}{18} + \dfrac{25}{36}$

**32** $\dfrac{7}{12} + \dfrac{4}{9}$

**39** $\dfrac{23}{26} + \dfrac{3}{4}$

**26** $\dfrac{10}{21} + \dfrac{19}{30}$

**33** $\dfrac{12}{25} + \dfrac{7}{10}$

**40** $\dfrac{73}{144} + \dfrac{7}{12}$

**27** $\dfrac{11}{14} + \dfrac{3}{4}$

**34** $\dfrac{4}{13} + \dfrac{8}{11}$

**41** $\dfrac{5}{8} + \dfrac{45}{112}$

**28** $\dfrac{27}{50} + \dfrac{18}{25}$

**35** $\dfrac{9}{16} + \dfrac{33}{50}$

**42** $\dfrac{10}{13} + \dfrac{16}{23}$

**43**

$$\frac{19}{30} \rightarrow \boxed{+\frac{8}{15}} \rightarrow \square$$

**44**

$$\frac{3}{20} \rightarrow \boxed{+\frac{13}{15}} \rightarrow \square$$

**45**

$$\frac{17}{22} \rightarrow \boxed{+\frac{41}{110}} \rightarrow \square$$

**46**

$$\frac{7}{8} \rightarrow \boxed{+\frac{49}{50}} \rightarrow \square$$

**47**

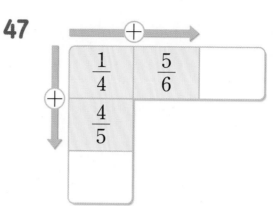

| $+$ | | |
|---|---|---|
| $\frac{1}{4}$ | $\frac{5}{6}$ | |
| $\frac{4}{5}$ | | |

**48**

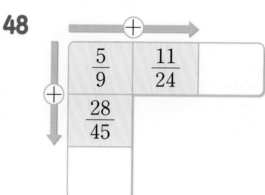

| $+$ | | |
|---|---|---|
| $\frac{5}{9}$ | $\frac{11}{24}$ | |
| $\frac{28}{45}$ | | |

**49**

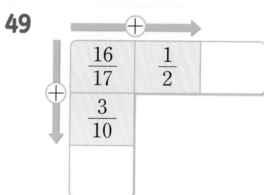

| $+$ | | |
|---|---|---|
| $\frac{16}{17}$ | $\frac{1}{2}$ | |
| $\frac{3}{10}$ | | |

**50**

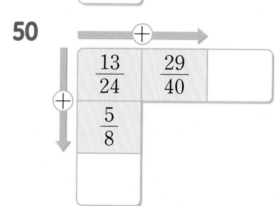

| $+$ | | |
|---|---|---|
| $\frac{13}{24}$ | $\frac{29}{40}$ | |
| $\frac{5}{8}$ | | |

# 키우고 싶은 반려견

쏙셈 9권 **28일** - 4

친구들이 키우고 싶은 반려견을 말하고 있습니다. 계산 결과를 찾아 선으로 이어 보시오.

온순한 성격이고, 똑똑해.

$\dfrac{6}{11} + \dfrac{2}{3}$

미소가 너무 귀여워!

$\dfrac{7}{10} + \dfrac{13}{15}$

짧은 다리가 매력적이야!

$\dfrac{19}{24} + \dfrac{9}{12}$

큰 눈이 특징이야!

$\dfrac{1}{9} + \dfrac{19}{21}$

$1\dfrac{13}{24}$

$1\dfrac{1}{63}$

$1\dfrac{17}{30}$

$1\dfrac{7}{33}$

▲ 웰시코기

▲ 치와와

▲ 시바견

▲ 골든 리트리버

교과서 분수의 덧셈과 뺄셈

# 6 받아올림이 없는 대분수의 덧셈 (1)

걸린 시간 분

✔ 받아올림이 없는 대분수의 덧셈은 두 분수를 통분한 다음 자연수는 자연수끼리, 분수는 분수끼리 더합니다.

예 $1\dfrac{1}{2}+2\dfrac{2}{5}=1\dfrac{5}{10}+2\dfrac{4}{10}$

$\qquad\qquad =(1+2)+(\dfrac{5}{10}+\dfrac{4}{10})$

$\qquad\qquad =3+\dfrac{9}{10}=3\dfrac{9}{10}$

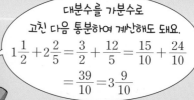

대분수를 가분수로 고친 다음 통분하여 계산해도 돼요.
$1\dfrac{1}{2}+2\dfrac{2}{5}=\dfrac{3}{2}+\dfrac{12}{5}=\dfrac{15}{10}+\dfrac{24}{10}$
$\qquad\qquad =\dfrac{39}{10}=3\dfrac{9}{10}$

1~15 계산을 하여 기약분수로 나타내시오.

**1** $3\dfrac{1}{5}+2\dfrac{1}{2}$

**6** $2\dfrac{2}{5}+3\dfrac{3}{10}$

**11** $6\dfrac{5}{7}+1\dfrac{5}{21}$

**2** $2\dfrac{1}{3}+3\dfrac{1}{4}$

**7** $1\dfrac{4}{7}+3\dfrac{1}{9}$

**12** $3\dfrac{7}{20}+2\dfrac{11}{32}$

**3** $1\dfrac{1}{8}+2\dfrac{5}{6}$

**8** $2\dfrac{4}{11}+4\dfrac{1}{2}$

**13** $2\dfrac{1}{4}+2\dfrac{5}{14}$

**4** $5\dfrac{3}{7}+1\dfrac{1}{3}$

**9** $3\dfrac{1}{3}+1\dfrac{2}{7}$

**14** $2\dfrac{9}{16}+1\dfrac{23}{64}$

**5** $4\dfrac{1}{6}+2\dfrac{2}{9}$

**10** $4\dfrac{1}{12}+1\dfrac{3}{10}$

**15** $2\dfrac{7}{45}+3\dfrac{37}{90}$

**16** $1\dfrac{1}{4} + 3\dfrac{3}{5}$

**23** $4\dfrac{3}{4} + 5\dfrac{1}{12}$

**30** $4\dfrac{1}{6} + 3\dfrac{13}{27}$

**17** $2\dfrac{1}{3} + 1\dfrac{1}{7}$

**24** $5\dfrac{1}{5} + 4\dfrac{2}{15}$

**31** $7\dfrac{15}{32} + 1\dfrac{7}{16}$

**18** $6\dfrac{1}{2} + 2\dfrac{3}{8}$

**25** $3\dfrac{2}{3} + 2\dfrac{1}{24}$

**32** $2\dfrac{3}{8} + 4\dfrac{11}{20}$

**19** $2\dfrac{5}{6} + 1\dfrac{1}{10}$

**26** $1\dfrac{4}{7} + 3\dfrac{1}{4}$

**33** $3\dfrac{7}{12} + 2\dfrac{5}{18}$

**20** $3\dfrac{1}{5} + 2\dfrac{1}{8}$

**27** $2\dfrac{4}{9} + 2\dfrac{1}{6}$

**34** $3\dfrac{22}{35} + 4\dfrac{5}{14}$

**21** $2\dfrac{1}{2} + 2\dfrac{2}{5}$

**28** $1\dfrac{7}{18} + 3\dfrac{2}{9}$

**35** $3\dfrac{13}{41} + 2\dfrac{44}{123}$

**22** $2\dfrac{1}{3} + 3\dfrac{7}{24}$

**29** $6\dfrac{3}{8} + 2\dfrac{13}{28}$

**36** $2\dfrac{15}{34} + 3\dfrac{21}{68}$

**37~46** 두 수의 합을 기약분수로 나타내어 빈 곳에 써넣으시오.

**37**
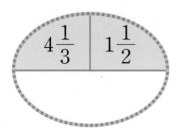
$4\frac{1}{3}$ | $1\frac{1}{2}$

**42**
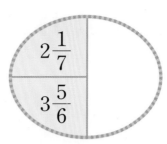
$2\frac{1}{7}$
$3\frac{5}{6}$

**38**
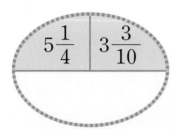
$5\frac{1}{4}$ | $3\frac{3}{10}$

**43**
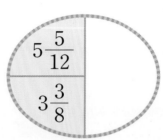
$5\frac{5}{12}$
$3\frac{3}{8}$

**39**
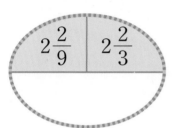
$2\frac{2}{9}$ | $2\frac{2}{3}$

**44**
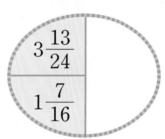
$3\frac{13}{24}$
$1\frac{7}{16}$

**40**
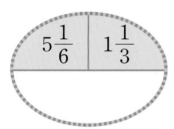
$5\frac{1}{6}$ | $1\frac{1}{3}$

**45**
$2\frac{15}{26}$
$6\frac{11}{39}$

**41**
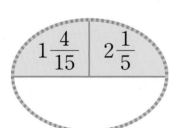
$1\frac{4}{15}$ | $2\frac{1}{5}$

**46**
$4\frac{3}{14}$
$3\frac{16}{35}$

# 사다리 타기

사다리 타기는 줄을 따라 내려가다가 가로로 놓인 선을 만나면 가로 선을 따라 맨 아래까지 내려가는 놀이입니다. 주어진 식의 계산 결과를 사다리를 타고 내려가서 도착한 곳에 기약분수로 써넣으시오.

교과서 분수의 덧셈과 뺄셈

# 7 받아올림이 없는 대분수의 덧셈 (2)

공부한 날    월    일

걸린 시간 분

예 $3\dfrac{2}{3}+1\dfrac{1}{4}=3\dfrac{8}{12}+1\dfrac{3}{12}$

$=(3+1)+\left(\dfrac{8}{12}+\dfrac{3}{12}\right)$

$=4+\dfrac{11}{12}=4\dfrac{11}{12}$

두 분수를 통분한 다음 자연수는 자연수끼리, 분수는 분수끼리 더해요.

**1~15** 계산을 하여 기약분수로 나타내시오.

**1** $2\dfrac{1}{3}+1\dfrac{1}{5}$

**2** $1\dfrac{1}{4}+2\dfrac{3}{8}$

**3** $2\dfrac{2}{3}+3\dfrac{1}{9}$

**4** $4\dfrac{3}{10}+2\dfrac{2}{5}$

**5** $1\dfrac{1}{4}+1\dfrac{1}{6}$

**6** $2\dfrac{1}{6}+4\dfrac{5}{12}$

**7** $1\dfrac{2}{7}+3\dfrac{3}{5}$

**8** $2\dfrac{4}{11}+1\dfrac{1}{2}$

**9** $1\dfrac{1}{3}+2\dfrac{4}{9}$

**10** $4\dfrac{4}{9}+2\dfrac{10}{27}$

**11** $2\dfrac{12}{35}+1\dfrac{2}{15}$

**12** $3\dfrac{8}{21}+3\dfrac{9}{28}$

**13** $3\dfrac{7}{16}+3\dfrac{9}{20}$

**14** $3\dfrac{14}{55}+4\dfrac{23}{110}$

**15** $2\dfrac{5}{14}+3\dfrac{11}{126}$

채점한 대로 자라네요

**16** $3\dfrac{1}{2}+2\dfrac{3}{8}$

**23** $5\dfrac{3}{14}+2\dfrac{5}{28}$

**30** $1\dfrac{5}{6}+1\dfrac{1}{16}$

**17** $1\dfrac{2}{5}+3\dfrac{1}{3}$

**24** $2\dfrac{4}{15}+1\dfrac{3}{10}$

**31** $3\dfrac{1}{12}+2\dfrac{3}{20}$

**18** $1\dfrac{4}{9}+2\dfrac{1}{6}$

**25** $2\dfrac{4}{25}+3\dfrac{7}{30}$

**32** $4\dfrac{5}{14}+5\dfrac{8}{21}$

**19** $4\dfrac{1}{4}+2\dfrac{3}{7}$

**26** $3\dfrac{4}{13}+4\dfrac{11}{26}$

**33** $2\dfrac{7}{18}+3\dfrac{5}{24}$

**20** $5\dfrac{4}{7}+1\dfrac{4}{21}$

**27** $2\dfrac{1}{6}+2\dfrac{14}{27}$

**34** $5\dfrac{7}{16}+1\dfrac{9}{32}$

**21** $3\dfrac{3}{8}+1\dfrac{5}{12}$

**28** $2\dfrac{7}{30}+3\dfrac{9}{20}$

**35** $3\dfrac{5}{26}+3\dfrac{10}{39}$

**22** $1\dfrac{1}{3}+1\dfrac{6}{11}$

**29** $3\dfrac{2}{7}+2\dfrac{5}{12}$

**36** $2\dfrac{7}{48}+5\dfrac{5}{8}$

**37**

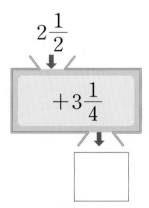

$2\dfrac{1}{2}$

$+3\dfrac{1}{4}$

**38**

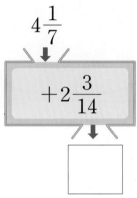

$4\dfrac{1}{7}$

$+2\dfrac{3}{14}$

**39**

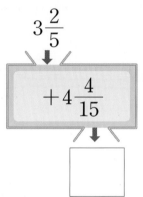

$3\dfrac{2}{5}$

$+4\dfrac{4}{15}$

**40**

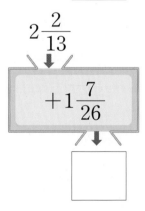

$2\dfrac{2}{13}$

$+1\dfrac{7}{26}$

**41**

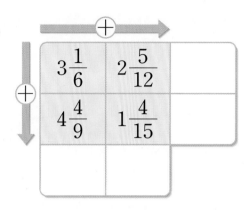

$+$

| | $+$ | |
|---|---|---|
| $3\dfrac{1}{6}$ | $2\dfrac{5}{12}$ | |
| $4\dfrac{4}{9}$ | $1\dfrac{4}{15}$ | |

**42**

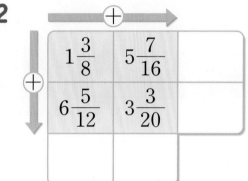

| | $+$ | |
|---|---|---|
| $1\dfrac{3}{8}$ | $5\dfrac{7}{16}$ | |
| $6\dfrac{5}{12}$ | $3\dfrac{3}{20}$ | |

**43**

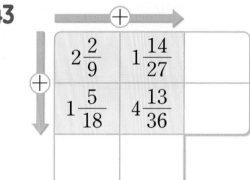

| | $+$ | |
|---|---|---|
| $2\dfrac{2}{9}$ | $1\dfrac{14}{27}$ | |
| $1\dfrac{5}{18}$ | $4\dfrac{13}{36}$ | |

**44**

| | $+$ | |
|---|---|---|
| $1\dfrac{1}{4}$ | $6\dfrac{3}{14}$ | |
| $3\dfrac{3}{8}$ | $2\dfrac{11}{28}$ | |

# 신비롭고 매력적인 나라, 터키

쏙셈 9권 **30일** - 4

교과서 분수의 덧셈과 뺄셈

# 8 받아올림이 있는 대분수의 덧셈 (1)

공부한 날 월 일

✔ 받아올림이 있는 대분수의 덧셈은 두 분수를 통분한 다음 자연수는 자연수끼리, 분수는 분수끼리 더합니다. 분수 부분의 합이 가분수이면 대분수로 고칩니다.

예 $3\dfrac{4}{5}+1\dfrac{2}{3}=3\dfrac{12}{15}+1\dfrac{10}{15}$

$\phantom{예\ 3\dfrac{4}{5}+1\dfrac{2}{3}}=(3+1)+\left(\dfrac{12}{15}+\dfrac{10}{15}\right)$

$\phantom{예\ 3\dfrac{4}{5}+1\dfrac{2}{3}}=4+\dfrac{22}{15}=4+1\dfrac{7}{15}=5\dfrac{7}{15}$

분수 부분의 합이 가분수가 되면 자연수에 1을 받아올림해요.

**1~15** 계산을 하여 기약분수로 나타내시오.

**1** $2\dfrac{2}{3}+1\dfrac{1}{2}$

**2** $3\dfrac{3}{4}+2\dfrac{2}{7}$

**3** $1\dfrac{5}{6}+2\dfrac{3}{4}$

**4** $4\dfrac{11}{18}+3\dfrac{5}{9}$

**5** $1\dfrac{15}{16}+5\dfrac{5}{8}$

**6** $2\dfrac{5}{9}+3\dfrac{16}{27}$

**7** $4\dfrac{13}{14}+5\dfrac{6}{7}$

**8** $3\dfrac{5}{6}+2\dfrac{7}{15}$

**9** $2\dfrac{5}{8}+2\dfrac{6}{7}$

**10** $3\dfrac{24}{25}+1\dfrac{8}{15}$

**11** $1\dfrac{17}{30}+2\dfrac{11}{18}$

**12** $2\dfrac{15}{22}+4\dfrac{23}{33}$

**13** $3\dfrac{3}{4}+1\dfrac{7}{12}$

**14** $2\dfrac{5}{8}+1\dfrac{13}{28}$

**15** $2\dfrac{27}{50}+2\dfrac{21}{40}$

**16** $2\dfrac{1}{2}+1\dfrac{3}{5}$

**23** $2\dfrac{5}{9}+3\dfrac{5}{6}$

**30** $8\dfrac{23}{30}+1\dfrac{9}{20}$

**17** $3\dfrac{3}{4}+2\dfrac{2}{3}$

**24** $6\dfrac{3}{4}+2\dfrac{15}{16}$

**31** $1\dfrac{16}{21}+5\dfrac{9}{14}$

**18** $4\dfrac{5}{6}+2\dfrac{4}{9}$

**25** $1\dfrac{8}{15}+7\dfrac{7}{12}$

**32** $1\dfrac{5}{8}+5\dfrac{11}{16}$

**19** $2\dfrac{7}{8}+5\dfrac{1}{2}$

**26** $2\dfrac{4}{7}+1\dfrac{9}{14}$

**33** $2\dfrac{8}{15}+2\dfrac{13}{18}$

**20** $3\dfrac{5}{8}+1\dfrac{5}{6}$

**27** $2\dfrac{13}{24}+3\dfrac{10}{21}$

**34** $5\dfrac{25}{36}+3\dfrac{22}{27}$

**21** $1\dfrac{7}{10}+4\dfrac{5}{8}$

**28** $2\dfrac{7}{18}+3\dfrac{8}{9}$

**35** $4\dfrac{20}{21}+3\dfrac{29}{42}$

**22** $2\dfrac{4}{7}+1\dfrac{25}{56}$

**29** $6\dfrac{7}{12}+2\dfrac{7}{15}$

**36** $5\dfrac{41}{50}+2\dfrac{19}{30}$

**37**

$3\dfrac{2}{3}$ $+1\dfrac{5}{6}$

**42**

$2\dfrac{5}{8}$ → $+2\dfrac{3}{7}$ →

**38**

$2\dfrac{3}{4}$ $+3\dfrac{3}{5}$

**43**

$5\dfrac{8}{15}$ → $+3\dfrac{7}{10}$ →

**39**

$4\dfrac{5}{6}$ $+2\dfrac{3}{8}$

**44**

$1\dfrac{10}{11}$ → $+5\dfrac{9}{22}$ →

**40**

$2\dfrac{7}{10}$ $+6\dfrac{3}{4}$

**45**

$3\dfrac{26}{45}$ → $+2\dfrac{13}{18}$ →

**41**

$5\dfrac{8}{9}$ $+1\dfrac{11}{15}$

**46**

$4\dfrac{11}{13}$ → $+3\dfrac{19}{39}$ →

# 맛있는 요리법

다음은 오이소박이 요리법입니다. 엄마와 함께 순서에 따라 요리해 보세요.

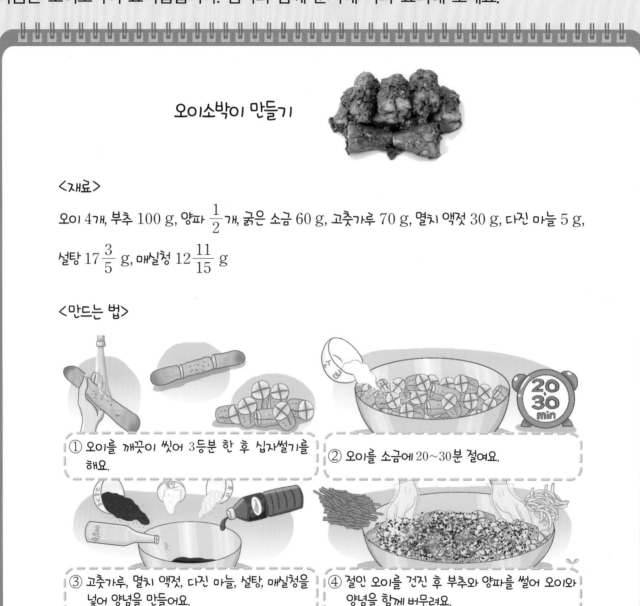

오이소박이 만들기

〈재료〉

오이 4개, 부추 100 g, 양파 $\frac{1}{2}$ 개, 굵은 소금 60 g, 고춧가루 70 g, 멸치 액젓 30 g, 다진 마늘 5 g,

설탕 $17\frac{3}{5}$ g, 매실청 $12\frac{11}{15}$ g

〈만드는 법〉

① 오이를 깨끗이 씻어 3등분 한 후 십자썰기를 해요.

② 오이를 소금에 20~30분 절여요.

③ 고춧가루, 멸치 액젓, 다진 마늘, 설탕, 매실청을 넣어 양념을 만들어요.

④ 절인 오이를 건진 후 부추와 양파를 썰어 오이와 양념을 함께 버무려요.

위의 오이소박이 요리에 들어가는 설탕과 매실청의 양의 합은 몇 g입니까?

풀 이

답

교과서 분수의 덧셈과 뺄셈

# 9 받아올림이 있는 대분수의 덧셈 (2)

예 $2\dfrac{3}{4}+3\dfrac{5}{8}=2\dfrac{6}{8}+3\dfrac{5}{8}$

$=(2+3)+(\dfrac{6}{8}+\dfrac{5}{8})$

$=5+\dfrac{11}{8}=5+1\dfrac{3}{8}=6\dfrac{3}{8}$

분수 부분의 합이 가분수이면 대분수로 바꿔 써 볼까요?

**1~15** 계산을 하여 기약분수로 나타내시오.

**1** $3\dfrac{1}{2}+2\dfrac{3}{4}$

**2** $1\dfrac{2}{3}+3\dfrac{3}{5}$

**3** $2\dfrac{3}{4}+2\dfrac{5}{6}$

**4** $3\dfrac{5}{8}+2\dfrac{11}{12}$

**5** $3\dfrac{5}{9}+2\dfrac{5}{6}$

**6** $3\dfrac{7}{12}+4\dfrac{3}{4}$

**7** $1\dfrac{7}{15}+6\dfrac{13}{20}$

**8** $1\dfrac{15}{26}+1\dfrac{9}{13}$

**9** $1\dfrac{3}{4}+1\dfrac{4}{7}$

**10** $2\dfrac{7}{10}+6\dfrac{6}{11}$

**11** $3\dfrac{16}{25}+3\dfrac{14}{15}$

**12** $1\dfrac{17}{30}+5\dfrac{29}{40}$

**13** $2\dfrac{5}{6}+2\dfrac{8}{15}$

**14** $2\dfrac{7}{12}+3\dfrac{9}{16}$

**15** $3\dfrac{13}{25}+4\dfrac{33}{40}$

**16** $2\dfrac{1}{2}+1\dfrac{3}{5}$

**23** $2\dfrac{6}{13}+1\dfrac{3}{4}$

**30** $4\dfrac{13}{16}+4\dfrac{11}{12}$

**17** $2\dfrac{5}{6}+3\dfrac{2}{3}$

**24** $4\dfrac{17}{36}+3\dfrac{13}{18}$

**31** $1\dfrac{17}{20}+3\dfrac{7}{15}$

**18** $1\dfrac{2}{3}+1\dfrac{7}{9}$

**25** $2\dfrac{11}{14}+3\dfrac{22}{35}$

**32** $2\dfrac{7}{8}+1\dfrac{11}{16}$

**19** $2\dfrac{4}{5}+2\dfrac{5}{8}$

**26** $2\dfrac{13}{16}+4\dfrac{13}{24}$

**33** $3\dfrac{13}{21}+3\dfrac{23}{35}$

**20** $6\dfrac{5}{9}+2\dfrac{13}{18}$

**27** $3\dfrac{7}{12}+1\dfrac{13}{14}$

**34** $3\dfrac{22}{27}+2\dfrac{19}{36}$

**21** $4\dfrac{3}{8}+1\dfrac{19}{20}$

**28** $2\dfrac{16}{35}+2\dfrac{6}{7}$

**35** $4\dfrac{29}{40}+4\dfrac{18}{25}$

**22** $5\dfrac{7}{12}+2\dfrac{43}{72}$

**29** $3\dfrac{25}{48}+2\dfrac{85}{144}$

**36** $3\dfrac{11}{16}+2\dfrac{3}{5}$

**37~46** 두 수의 합을 기약분수로 나타내어 빈 곳에 써넣으시오.

**37**

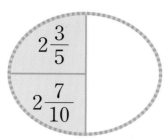

$2\dfrac{3}{5}$  $2\dfrac{7}{10}$

**42**

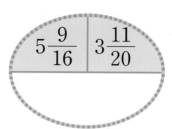

$5\dfrac{9}{16}$  $3\dfrac{11}{20}$

**38**

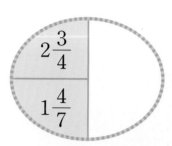

$2\dfrac{3}{4}$  $1\dfrac{4}{7}$

**43**

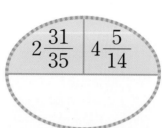

$2\dfrac{31}{35}$  $4\dfrac{5}{14}$

**39**

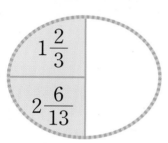

$1\dfrac{2}{3}$  $2\dfrac{6}{13}$

**44**

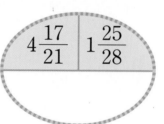

$4\dfrac{17}{21}$  $1\dfrac{25}{28}$

**40**

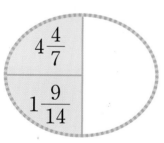

$4\dfrac{4}{7}$  $1\dfrac{9}{14}$

**45**

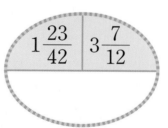

$1\dfrac{23}{42}$  $3\dfrac{7}{12}$

**41**

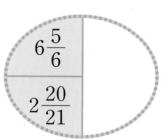

$6\dfrac{5}{6}$  $2\dfrac{20}{21}$

**46**

$4\dfrac{15}{16}$  $4\dfrac{19}{24}$

# 다른 그림 찾기

아래 사진에서 위 사진과 다른 부분 5군데를 모두 찾아 ○표 하시오.

교과서 분수의 덧셈과 뺄셈

# 10 받아올림이 있는 대분수의 덧셈 (3)

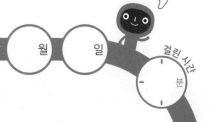

집중하여 정확하고 빠르게 문제를 풀어 보세요.

공부한날  월  일

걸린 시간  분

**1~21** 계산을 하여 기약분수로 나타내시오.

**1** $1\frac{3}{4}+2\frac{1}{2}=4\frac{1}{4}$

**2** $1\frac{4}{5}+2\frac{2}{7}$

**3** $2\frac{5}{9}+1\frac{2}{3}$

**4** $3\frac{8}{11}+1\frac{1}{3}$

**5** $1\frac{5}{6}+1\frac{7}{8}$

**6** $2\frac{1}{2}+3\frac{9}{10}$

**7** $1\frac{5}{8}+2\frac{13}{20}$

**8** $5\frac{6}{7}+1\frac{3}{4}$

**9** $2\frac{15}{16}+2\frac{7}{12}$

**10** $1\frac{3}{4}+1\frac{5}{9}$

**11** $3\frac{4}{7}+1\frac{9}{14}$

**12** $5\frac{11}{15}+3\frac{2}{5}$

**13** $6\frac{1}{6}+1\frac{27}{32}$

**14** $2\frac{1}{5}+2\frac{17}{20}$

**15** $1\frac{5}{8}+2\frac{14}{25}$

**16** $3\frac{3}{4}+4\frac{5}{6}$

**17** $2\frac{8}{13}+1\frac{8}{15}$

**18** $1\frac{23}{40}+1\frac{19}{30}$

**19** $2\frac{10}{17}+1\frac{5}{6}$

**20** $1\frac{15}{22}+4\frac{11}{14}$

**21** $3\frac{29}{36}+1\frac{35}{72}$

**22~42** 계산을 하여 기약분수로 나타내시오.

**22** $2\dfrac{1}{2}+3\dfrac{5}{6}$

**23** $1\dfrac{4}{7}+2\dfrac{2}{3}$

**24** $2\dfrac{4}{5}+1\dfrac{8}{15}$

**25** $1\dfrac{1}{2}+1\dfrac{11}{12}$

**26** $3\dfrac{7}{8}+2\dfrac{5}{6}$

**27** $1\dfrac{21}{44}+4\dfrac{2}{3}$

**28** $2\dfrac{14}{17}+5\dfrac{1}{2}$

**29** $3\dfrac{4}{9}+1\dfrac{3}{4}$

**30** $1\dfrac{3}{4}+2\dfrac{4}{5}$

**31** $2\dfrac{6}{7}+4\dfrac{1}{3}$

**32** $1\dfrac{12}{17}+1\dfrac{21}{34}$

**33** $2\dfrac{17}{24}+3\dfrac{19}{28}$

**34** $2\dfrac{3}{4}+1\dfrac{11}{16}$

**35** $1\dfrac{14}{19}+1\dfrac{1}{2}$

**36** $3\dfrac{7}{10}+2\dfrac{1}{3}$

**37** $4\dfrac{10}{13}+1\dfrac{15}{26}$

**38** $2\dfrac{8}{11}+1\dfrac{5}{7}$

**39** $4\dfrac{1}{9}+3\dfrac{11}{12}$

**40** $9\dfrac{13}{15}+2\dfrac{17}{30}$

**41** $2\dfrac{4}{25}+5\dfrac{19}{20}$

**42** $1\dfrac{27}{32}+4\dfrac{5}{8}$

**43**

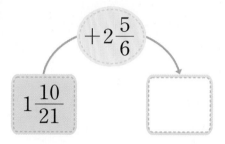

$1\dfrac{10}{21}$ 　 $+2\dfrac{5}{6}$

**44**

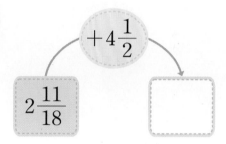

$2\dfrac{11}{18}$ 　 $+4\dfrac{1}{2}$

**45**

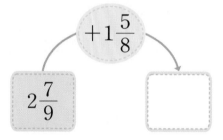

$2\dfrac{7}{9}$ 　 $+1\dfrac{5}{8}$

**46**

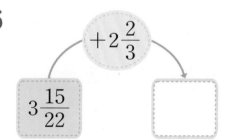

$3\dfrac{15}{22}$ 　 $+2\dfrac{2}{3}$

**47** ➕

| | | |
|---|---|---|
| $1\dfrac{5}{7}$ | $2\dfrac{5}{14}$ | |
| $2\dfrac{7}{8}$ | $1\dfrac{3}{5}$ | |

**48** ➕

| | | |
|---|---|---|
| $4\dfrac{7}{24}$ | $5\dfrac{5}{6}$ | |
| $4\dfrac{4}{11}$ | $1\dfrac{2}{3}$ | |

**49** ➕

| | | |
|---|---|---|
| $5\dfrac{5}{8}$ | $1\dfrac{17}{24}$ | |
| $6\dfrac{1}{6}$ | $2\dfrac{15}{16}$ | |

**50** ➕

| | | |
|---|---|---|
| $2\dfrac{3}{5}$ | $2\dfrac{13}{20}$ | |
| $4\dfrac{11}{12}$ | $6\dfrac{8}{15}$ | |

# 퍼즐 집 찾아가기

재호는 집에 가려고 합니다. 갈림길 문제의 계산 결과를 따라가면 집에 도착할 수 있습니다. 재호네 집을 찾아 번호를 쓰시오.

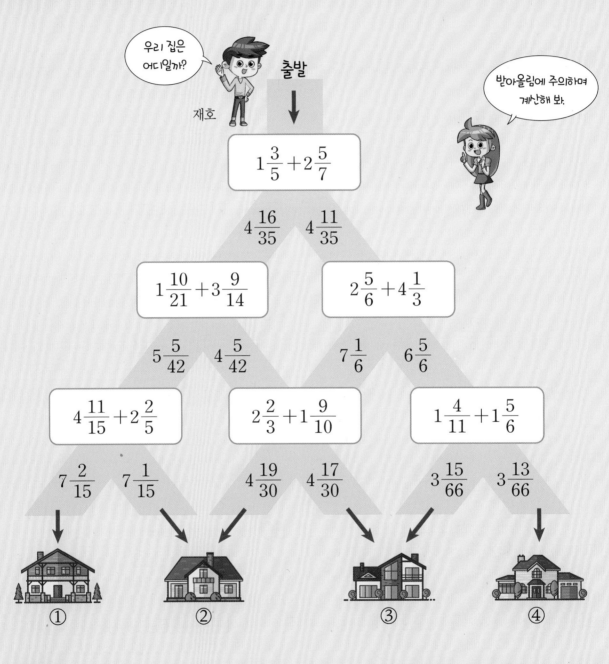

우리 집은 어디일까?

재호

출발

받아올림에 주의하며 계산해 봐.

$1\frac{3}{5} + 2\frac{5}{7}$

$4\frac{16}{35}$   $4\frac{11}{35}$

$1\frac{10}{21} + 3\frac{9}{14}$      $2\frac{5}{6} + 4\frac{1}{3}$

$5\frac{5}{42}$   $4\frac{5}{42}$      $7\frac{1}{6}$   $6\frac{5}{6}$

$4\frac{11}{15} + 2\frac{2}{5}$      $2\frac{2}{3} + 1\frac{9}{10}$      $1\frac{4}{11} + 1\frac{5}{6}$

$7\frac{2}{15}$   $7\frac{1}{15}$      $4\frac{19}{30}$   $4\frac{17}{30}$      $3\frac{15}{66}$   $3\frac{13}{66}$

①      ②      ③      ④

풀 이

답

교과서 분수의 덧셈과 뺄셈

# 11 진분수의 뺄셈 (1)

공부한 날    월    일

✔ 진분수의 뺄셈은 두 분수를 통분한 다음 통분한 분모는 그대로 두고 분자끼리 뺍니다.

예 $\dfrac{5}{6} - \dfrac{1}{3} = \dfrac{5}{6} - \dfrac{1 \times 2}{3 \times 2}$ → 분모의 최소공배수를
공통분모로 하여 통분하기

$= \dfrac{5}{6} - \dfrac{2}{6}$

$= \dfrac{3}{6} = \dfrac{1}{2}$

두 분모의 곱을 이용하여 통분한 다음 계산해도 돼요.

**1~15** 계산을 하여 기약분수로 나타내시오.

**1** $\dfrac{1}{2} - \dfrac{1}{3}$

**2** $\dfrac{1}{6} - \dfrac{1}{7}$

**3** $\dfrac{1}{4} - \dfrac{1}{8}$

**4** $\dfrac{2}{3} - \dfrac{2}{5}$

**5** $\dfrac{3}{4} - \dfrac{3}{5}$

**6** $\dfrac{9}{10} - \dfrac{3}{4}$

**7** $\dfrac{5}{6} - \dfrac{4}{9}$

**8** $\dfrac{11}{15} - \dfrac{5}{18}$

**9** $\dfrac{22}{25} - \dfrac{9}{50}$

**10** $\dfrac{5}{8} - \dfrac{3}{10}$

**11** $\dfrac{7}{8} - \dfrac{1}{4}$

**12** $\dfrac{9}{16} - \dfrac{9}{32}$

**13** $\dfrac{13}{24} - \dfrac{3}{8}$

**14** $\dfrac{3}{5} - \dfrac{2}{7}$

**15** $\dfrac{13}{24} - \dfrac{9}{40}$

**16** $\dfrac{1}{7} - \dfrac{1}{8}$

**17** $\dfrac{1}{4} - \dfrac{1}{6}$

**18** $\dfrac{1}{5} - \dfrac{1}{10}$

**19** $\dfrac{10}{11} - \dfrac{5}{9}$

**20** $\dfrac{5}{6} - \dfrac{1}{4}$

**21** $\dfrac{7}{8} - \dfrac{5}{12}$

**22** $\dfrac{5}{9} - \dfrac{4}{27}$

**23** $\dfrac{9}{11} - \dfrac{1}{3}$

**24** $\dfrac{29}{45} - \dfrac{7}{15}$

**25** $\dfrac{5}{6} - \dfrac{3}{4}$

**26** $\dfrac{7}{8} - \dfrac{3}{10}$

**27** $\dfrac{2}{3} - \dfrac{2}{13}$

**28** $\dfrac{6}{7} - \dfrac{9}{14}$

**29** $\dfrac{12}{25} - \dfrac{4}{15}$

**30** $\dfrac{9}{10} - \dfrac{3}{4}$

**31** $\dfrac{4}{5} - \dfrac{12}{25}$

**32** $\dfrac{13}{18} - \dfrac{2}{9}$

**33** $\dfrac{8}{15} - \dfrac{5}{12}$

**34** $\dfrac{31}{45} - \dfrac{5}{18}$

**35** $\dfrac{7}{13} - \dfrac{11}{52}$

**36** $\dfrac{25}{36} - \dfrac{61}{108}$

**37**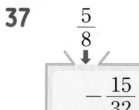
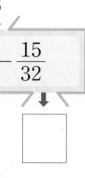
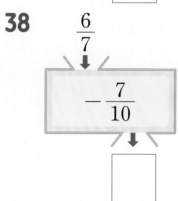

**38**
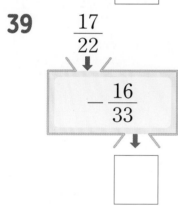

**39**

**40**
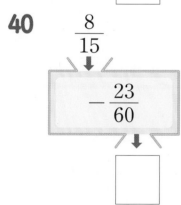

**41**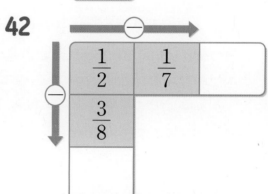

**42**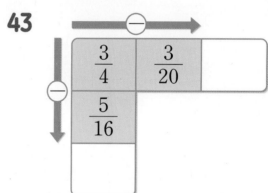

**43**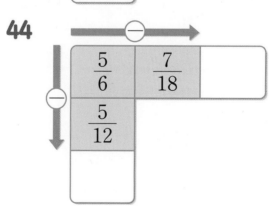

**44**

# 빙고 놀이

민아와 재호는 빙고 놀이를 하고 있습니다. 빙고 놀이에서 이긴 사람의 이름을 쓰시오.

<빙고 놀이 방법>

1. 가로, 세로 4칸인 놀이판에 분모가 15에서 20까지인 진분수를 자유롭게 적은 다음 민아부터 서로 번갈아 가며 수를 말합니다.
2. 자신과 상대방이 말하는 수에 ✕표 합니다.
3. 가로, 세로, 대각선 중 한 줄에 있는 4개의 수에 모두 ✕표 한 경우 '빙고'를 외칩니다.
4. 먼저 '빙고'를 외치는 사람이 이깁니다.

## 민아의 놀이판

| ✕ | $\frac{3}{20}$ | ✕ | $\frac{5}{18}$ |
|---|---|---|---|
| $\frac{4}{15}$ | ✕ | $\frac{11}{17}$ | $\frac{13}{19}$ |
| ✕ | $\frac{7}{15}$ | $\frac{9}{20}$ | ✕ |
| $\frac{7}{18}$ | ✕ | $\frac{9}{16}$ | ✕ |

민아: $\frac{4}{5} - \frac{1}{3}$ 을 계산한 값

재호: $\frac{8}{9} - \frac{5}{18}$ 를 계산한 값

## 재호의 놀이판

| $\frac{11}{20}$ | $\frac{7}{18}$ | ✕ | ✕ |
|---|---|---|---|
| $\frac{12}{17}$ | $\frac{9}{16}$ | $\frac{7}{15}$ | $\frac{13}{20}$ |
| ✕ | ✕ | ✕ | $\frac{8}{15}$ |
| $\frac{12}{19}$ | ✕ | $\frac{11}{18}$ | $\frac{3}{16}$ |

**풀이**

답 _____

교과서 분수의 덧셈과 뺄셈

# 12 진분수의 뺄셈 (2)

공부한 날　월　일

걸린 시간　분

예 $\dfrac{3}{8} - \dfrac{1}{6} = \dfrac{3 \times 3}{8 \times 3} - \dfrac{1 \times 4}{6 \times 4}$

$\qquad = \dfrac{9}{24} - \dfrac{4}{24}$

$\qquad = \dfrac{5}{24}$

두 분수를 통분한 다음 통분한 분모는 그대로 두고 분자끼리 빼요.

1~15 계산을 하여 기약분수로 나타내시오.

**1** $\dfrac{1}{5} - \dfrac{1}{6}$

**2** $\dfrac{3}{4} - \dfrac{1}{2}$

**3** $\dfrac{1}{2} - \dfrac{2}{9}$

**4** $\dfrac{7}{12} - \dfrac{3}{8}$

**5** $\dfrac{7}{8} - \dfrac{13}{16}$

**6** $\dfrac{21}{25} - \dfrac{2}{5}$

**7** $\dfrac{6}{7} - \dfrac{3}{14}$

**8** $\dfrac{11}{18} - \dfrac{4}{15}$

**9** $\dfrac{17}{24} - \dfrac{3}{8}$

**10** $\dfrac{5}{13} - \dfrac{1}{4}$

**11** $\dfrac{13}{48} - \dfrac{5}{24}$

**12** $\dfrac{13}{30} - \dfrac{7}{36}$

**13** $\dfrac{8}{9} - \dfrac{5}{12}$

**14** $\dfrac{19}{24} - \dfrac{11}{16}$

**15** $\dfrac{13}{45} - \dfrac{7}{90}$

점선을 대로 자르세요

**16** $\dfrac{1}{6} - \dfrac{1}{9}$

**17** $\dfrac{1}{3} - \dfrac{1}{7}$

**18** $\dfrac{3}{4} - \dfrac{3}{8}$

**19** $\dfrac{2}{3} - \dfrac{2}{15}$

**20** $\dfrac{5}{6} - \dfrac{7}{12}$

**21** $\dfrac{5}{8} - \dfrac{1}{4}$

**22** $\dfrac{6}{13} - \dfrac{9}{65}$

**23** $\dfrac{9}{20} - \dfrac{4}{15}$

**24** $\dfrac{10}{11} - \dfrac{13}{22}$

**25** $\dfrac{15}{26} - \dfrac{4}{13}$

**26** $\dfrac{11}{12} - \dfrac{2}{3}$

**27** $\dfrac{5}{14} - \dfrac{2}{7}$

**28** $\dfrac{7}{12} - \dfrac{8}{15}$

**29** $\dfrac{17}{24} - \dfrac{25}{36}$

**30** $\dfrac{4}{7} - \dfrac{2}{5}$

**31** $\dfrac{5}{9} - \dfrac{5}{13}$

**32** $\dfrac{7}{8} - \dfrac{13}{18}$

**33** $\dfrac{8}{15} - \dfrac{7}{20}$

**34** $\dfrac{17}{20} - \dfrac{16}{35}$

**35** $\dfrac{9}{13} - \dfrac{5}{39}$

**36** $\dfrac{11}{18} - \dfrac{34}{63}$

**37**

$\dfrac{4}{5}$ → $-\dfrac{1}{2}$ → □

**38**

$\dfrac{5}{6}$ → $-\dfrac{1}{4}$ → □

**39**

$\dfrac{7}{10}$ → $-\dfrac{8}{15}$ → □

**40**

$\dfrac{3}{4}$ → $-\dfrac{2}{5}$ → □

**41**

$\dfrac{10}{11}$ → $-\dfrac{1}{3}$ → □

**42**

| — | $\dfrac{1}{2}$ | $\dfrac{1}{3}$ | $\dfrac{1}{4}$ |
|---|---|---|---|
| $\dfrac{4}{5}$ | $\dfrac{3}{10}$ | | |

**43**

| — | $\dfrac{1}{4}$ | $\dfrac{2}{7}$ | $\dfrac{5}{21}$ |
|---|---|---|---|
| $\dfrac{5}{14}$ | | | |

**44**

| — | $\dfrac{7}{18}$ | $\dfrac{14}{27}$ | $\dfrac{13}{36}$ |
|---|---|---|---|
| $\dfrac{5}{9}$ | | | |

**45**

| — | $\dfrac{3}{11}$ | $\dfrac{2}{13}$ | $\dfrac{4}{25}$ |
|---|---|---|---|
| $\dfrac{2}{5}$ | | | |

**46**

| — | $\dfrac{15}{32}$ | $\dfrac{11}{24}$ | $\dfrac{13}{40}$ |
|---|---|---|---|
| $\dfrac{9}{16}$ | | | |

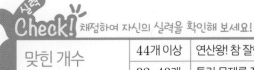

Check! 채점하여 자신의 실력을 확인해 보세요!

| 맞힌 개수 | 44개 이상 | 연산왕! 참 잘했어요! |
|---|---|---|
| | 32~43개 | 틀린 문제를 점검해요! |
| 개/46개 | 31개 이하 | 차근차근 다시 풀어요! |

엄마의 확인 Note 칭찬할 점과 주의할 점을 써주세요!

정답확인

| 칭찬 | |
|---|---|
| 주의 | |

# 미로 찾기

쏙셈 9권 35일 - 4

비행사 라이언은 섬에 착륙하려고 합니다. 섬에 착륙하는 길을 찾아 선으로 이어 보시오.

교과서 분수의 덧셈과 뺄셈

# 13 받아내림이 없는 대분수의 뺄셈 (1)

공부한 날  월  일

✔ 받아내림이 없는 대분수의 뺄셈은 두 분수를 통분한 다음 자연수는 자연수끼리, 분수는 분수끼리 뺍니다.

예
$$3\frac{1}{2} - 1\frac{3}{8} = 3\frac{4}{8} - 1\frac{3}{8}$$
$$= (3-1) + \left(\frac{4}{8} - \frac{3}{8}\right)$$
$$= 2 + \frac{1}{8} = 2\frac{1}{8}$$

대분수를 가분수로 고친 다음 통분하여 계산해도 돼요.
$$3\frac{1}{2} - 1\frac{3}{8} = \frac{7}{2} - \frac{11}{8} = \frac{28}{8} - \frac{11}{8}$$
$$= \frac{17}{8} = 2\frac{1}{8}$$

**1~15** 계산을 하여 기약분수로 나타내시오.

**1** $5\frac{1}{2} - 2\frac{1}{3}$

**2** $2\frac{5}{7} - 1\frac{1}{3}$

**3** $5\frac{3}{4} - 3\frac{3}{8}$

**4** $4\frac{11}{13} - 1\frac{1}{5}$

**5** $4\frac{5}{6} - 2\frac{4}{15}$

**6** $8\frac{6}{7} - 3\frac{3}{14}$

**7** $3\frac{7}{9} - 2\frac{5}{12}$

**8** $7\frac{24}{35} - 1\frac{9}{20}$

**9** $7\frac{13}{16} - 3\frac{7}{12}$

**10** $7\frac{5}{6} - 4\frac{2}{7}$

**11** $2\frac{17}{32} - 1\frac{1}{8}$

**12** $5\frac{13}{15} - 4\frac{3}{20}$

**13** $9\frac{23}{27} - 2\frac{7}{18}$

**14** $3\frac{47}{48} - 1\frac{13}{24}$

**15** $3\frac{12}{35} - 2\frac{5}{28}$

**16~36** 계산을 하여 기약분수로 나타내시오.

**16** $5\dfrac{1}{4} - 1\dfrac{1}{5}$

**23** $3\dfrac{3}{4} - 1\dfrac{9}{20}$

**30** $7\dfrac{5}{8} - 4\dfrac{3}{16}$

**17** $5\dfrac{1}{6} - 3\dfrac{1}{7}$

**24** $4\dfrac{7}{9} - 1\dfrac{1}{4}$

**31** $8\dfrac{9}{10} - 6\dfrac{2}{7}$

**18** $3\dfrac{2}{3} - 2\dfrac{1}{2}$

**25** $5\dfrac{9}{10} - 2\dfrac{1}{3}$

**32** $8\dfrac{17}{21} - 4\dfrac{3}{14}$

**19** $6\dfrac{2}{5} - 4\dfrac{1}{6}$

**26** $4\dfrac{29}{30} - 2\dfrac{7}{15}$

**33** $9\dfrac{14}{15} - 1\dfrac{13}{21}$

**20** $7\dfrac{3}{10} - 2\dfrac{1}{5}$

**27** $3\dfrac{7}{12} - 2\dfrac{1}{10}$

**34** $9\dfrac{10}{11} - 5\dfrac{9}{22}$

**21** $8\dfrac{7}{12} - 3\dfrac{1}{4}$

**28** $9\dfrac{5}{6} - 3\dfrac{3}{14}$

**35** $3\dfrac{11}{18} - 2\dfrac{10}{27}$

**22** $4\dfrac{8}{9} - 3\dfrac{7}{18}$

**29** $6\dfrac{11}{16} - 2\dfrac{5}{24}$

**36** $6\dfrac{22}{45} - 4\dfrac{11}{36}$

**37**

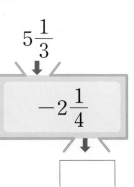

$5\dfrac{1}{3}$

$-2\dfrac{1}{4}$

**38**

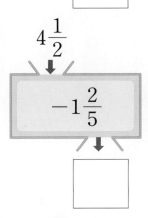

$4\dfrac{1}{2}$

$-1\dfrac{2}{5}$

**39**

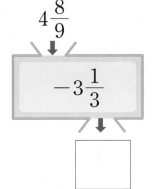

$4\dfrac{8}{9}$

$-3\dfrac{1}{3}$

**40**

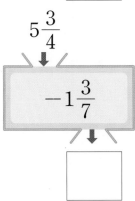

$5\dfrac{3}{4}$

$-1\dfrac{3}{7}$

**41**

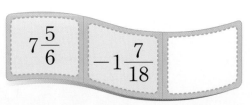

$3\dfrac{3}{4}$ $\quad -2\dfrac{9}{16}$

**42**

$7\dfrac{5}{6}$ $\quad -1\dfrac{7}{18}$

**43**

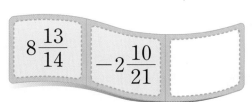

$6\dfrac{8}{9}$ $\quad -5\dfrac{5}{12}$

**44**

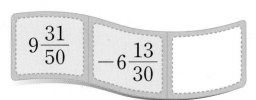

$8\dfrac{13}{14}$ $\quad -2\dfrac{10}{21}$

**45**

$9\dfrac{31}{50}$ $\quad -6\dfrac{13}{30}$

# 도둑은 누구일까요?

어느 날 한 백화점에 도둑이 들어 가장 비싼 반지를 훔쳐 갔습니다. 사건 단서 ①, ②, ③의 계산 결과에 해당하는 글자를 사건 단서 해독표에서 찾아 차례로 쓰면 도둑의 이름을 알 수 있습니다. 주어진 사건 단서를 가지고 도둑의 이름을 알아보시오.

사건 단서 ①
$4\frac{4}{5} - 3\frac{1}{6}$

사건 단서 ②
$6\frac{7}{9} - 2\frac{5}{18}$

사건 단서 ③
$3\frac{3}{4} - 1\frac{3}{7}$

사건 현장의 단서를 찾은 다음 오른쪽의 사건 단서 해독표를 이용하여 범인의 이름을 알아봐.

### <사건 단서 해독표>

| 박 | $1\frac{7}{12}$ | 홍 | $1\frac{19}{30}$ | 현 | $3\frac{5}{18}$ | 준 | $1\frac{5}{24}$ |
|---|---|---|---|---|---|---|---|
| 진 | $2\frac{9}{28}$ | 수 | $3\frac{8}{9}$ | 민 | $2\frac{11}{15}$ | 이 | $1\frac{17}{28}$ |
| 장 | $1\frac{8}{21}$ | 김 | $2\frac{5}{16}$ | 경 | $3\frac{13}{20}$ | 유 | $4\frac{1}{2}$ |

① ② ③

도둑의 이름은 ☐☐☐ 입니다.

**풀 이**

답 _____

교과서 분수의 덧셈과 뺄셈

# 14 받아내림이 없는 대분수의 뺄셈 (2)

예 $6\dfrac{2}{3} - 2\dfrac{1}{4} = 6\dfrac{8}{12} - 2\dfrac{3}{12}$

$\qquad\qquad = (6-2) + \left(\dfrac{8}{12} - \dfrac{3}{12}\right)$

$\qquad\qquad = 4 + \dfrac{5}{12} = 4\dfrac{5}{12}$

두 분수를 통분한 다음 자연수는 자연수끼리, 분수는 분수끼리 빼요.

**1~15** 계산을 하여 기약분수로 나타내시오.

**1** $5\dfrac{1}{2} - 1\dfrac{2}{7}$

**2** $4\dfrac{1}{5} - 2\dfrac{1}{8}$

**3** $6\dfrac{7}{8} - 3\dfrac{1}{2}$

**4** $3\dfrac{7}{12} - 1\dfrac{4}{15}$

**5** $4\dfrac{3}{7} - 1\dfrac{5}{14}$

**6** $6\dfrac{7}{11} - 2\dfrac{1}{4}$

**7** $7\dfrac{8}{15} - 2\dfrac{3}{10}$

**8** $4\dfrac{11}{12} - 3\dfrac{17}{24}$

**9** $5\dfrac{3}{8} - 2\dfrac{2}{9}$

**10** $9\dfrac{10}{21} - 6\dfrac{5}{12}$

**11** $8\dfrac{8}{9} - 4\dfrac{7}{12}$

**12** $5\dfrac{9}{10} - 1\dfrac{13}{25}$

**13** $3\dfrac{8}{15} - 2\dfrac{16}{45}$

**14** $4\dfrac{13}{18} - 2\dfrac{7}{24}$

**15** $7\dfrac{17}{30} - 4\dfrac{11}{20}$

**16~36** 계산을 하여 기약분수로 나타내시오.

**16** $4\dfrac{4}{5} - 2\dfrac{2}{3}$

**17** $5\dfrac{3}{4} - 3\dfrac{5}{8}$

**18** $3\dfrac{4}{9} - 2\dfrac{1}{7}$

**19** $7\dfrac{11}{12} - 4\dfrac{1}{6}$

**20** $9\dfrac{9}{16} - 5\dfrac{3}{8}$

**21** $6\dfrac{5}{6} - 3\dfrac{9}{14}$

**22** $8\dfrac{9}{14} - 6\dfrac{15}{56}$

**23** $8\dfrac{12}{13} - 4\dfrac{3}{4}$

**24** $6\dfrac{5}{8} - 3\dfrac{7}{16}$

**25** $3\dfrac{9}{14} - 2\dfrac{1}{3}$

**26** $9\dfrac{16}{21} - 5\dfrac{13}{28}$

**27** $7\dfrac{5}{6} - 1\dfrac{3}{10}$

**28** $8\dfrac{21}{22} - 5\dfrac{8}{11}$

**29** $7\dfrac{11}{18} - 2\dfrac{8}{27}$

**30** $6\dfrac{7}{12} - 2\dfrac{11}{21}$

**31** $3\dfrac{10}{13} - 1\dfrac{11}{26}$

**32** $4\dfrac{2}{3} - 3\dfrac{6}{11}$

**33** $8\dfrac{11}{12} - 3\dfrac{31}{36}$

**34** $7\dfrac{17}{20} - 4\dfrac{18}{25}$

**35** $6\dfrac{16}{25} - 1\dfrac{11}{30}$

**36** $4\dfrac{25}{44} - 2\dfrac{5}{11}$

**37**

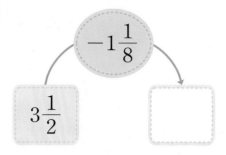

$-1\dfrac{1}{8}$ , $3\dfrac{1}{2}$

**38**

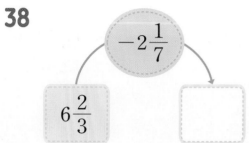

$-2\dfrac{1}{7}$ , $6\dfrac{2}{3}$

**39**

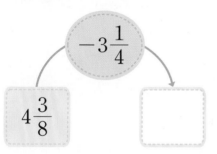

$-3\dfrac{1}{4}$ , $4\dfrac{3}{8}$

**40**

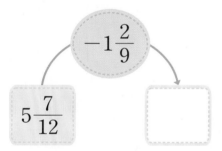

$-1\dfrac{2}{9}$ , $5\dfrac{7}{12}$

**41**

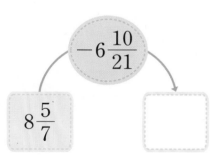

$-6\dfrac{10}{21}$ , $8\dfrac{5}{7}$

**42** $-$

| | | |
|---|---|---|
| $5\dfrac{3}{5}$ | $2\dfrac{7}{13}$ | |
| $6\dfrac{3}{4}$ | $3\dfrac{3}{10}$ | |

**43** $-$

| | | |
|---|---|---|
| $7\dfrac{9}{10}$ | $4\dfrac{12}{25}$ | |
| $4\dfrac{13}{20}$ | $2\dfrac{7}{15}$ | |

**44** $-$

| | | |
|---|---|---|
| $3\dfrac{23}{28}$ | $1\dfrac{5}{7}$ | |
| $5\dfrac{6}{7}$ | $2\dfrac{5}{14}$ | |

**45** $-$

| | | |
|---|---|---|
| $4\dfrac{14}{25}$ | $2\dfrac{11}{20}$ | |
| $6\dfrac{7}{10}$ | $1\dfrac{23}{50}$ | |

**46** $-$

| | | |
|---|---|---|
| $9\dfrac{9}{10}$ | $7\dfrac{23}{40}$ | |
| $8\dfrac{11}{15}$ | $5\dfrac{17}{30}$ | |

실력 Check! 채점하여 자신의 실력을 확인해 보세요!

| 맞힌 개수 | 44개 이상 | 연산왕! 참 잘했어요! |
|---|---|---|
| 개/46개 | 32~43개 | 틀린 문제를 점검해요! |
| | 31개 이하 | 차근차근 다시 풀어요! |

엄마의 확인 Note 칭찬할 점과 주의할 점을 써주세요!

정답확인

| 칭찬 | |
|---|---|
| 주의 | |

쑥셈 9권 37일 - 3

# 사다리 타기

사다리 타기는 줄을 따라 내려가다가 가로로 놓인 선을 만나면 가로 선을 따라 맨 아래까지 내려가는 놀이입니다. 주어진 식의 계산 결과를 사다리를 타고 내려가서 도착한 곳에 기약분수로 써넣으시오.

$$2\frac{11}{12} - 1\frac{5}{8}$$

$$7\frac{5}{6} - 3\frac{2}{9}$$

$$3\frac{12}{13} - 1\frac{3}{7}$$

$$5\frac{23}{30} - 2\frac{8}{15}$$

교과서 분수의 덧셈과 뺄셈

# 15 받아내림이 있는 대분수의 뺄셈 (1)

✔ 받아내림이 있는 대분수의 뺄셈은 두 분수를 통분한 다음 자연수는 자연수끼리, 분수는 분수끼리 뺍니다. 분수끼리 뺄 수 없을 때에는 자연수 부분에서 1을 받아내림하여 계산합니다.

예 $5\dfrac{1}{2} - 2\dfrac{4}{5} = 5\dfrac{5}{10} - 2\dfrac{8}{10}$

자연수 부분에서 1을 받아내림하기

$= 4\dfrac{15}{10} - 2\dfrac{8}{10}$

$= (4-2) + \left(\dfrac{15}{10} - \dfrac{8}{10}\right)$

$= 2 + \dfrac{7}{10} = 2\dfrac{7}{10}$

자연수 부분에서 1을 받아내림하여 계산할 때 가분수로 고쳐야 함에 주의해요.

---

**1~15** 계산을 하여 기약분수로 나타내시오.

**1** $4\dfrac{1}{5} - 1\dfrac{2}{3}$

**2** $3\dfrac{5}{8} - 2\dfrac{3}{4}$

**3** $5\dfrac{2}{9} - 1\dfrac{13}{18}$

**4** $8\dfrac{2}{7} - 3\dfrac{10}{21}$

**5** $4\dfrac{3}{8} - 1\dfrac{15}{16}$

**6** $3\dfrac{2}{5} - 1\dfrac{3}{7}$

**7** $9\dfrac{1}{3} - 5\dfrac{11}{12}$

**8** $6\dfrac{5}{11} - 4\dfrac{8}{9}$

**9** $5\dfrac{10}{21} - 2\dfrac{5}{6}$

**10** $5\dfrac{1}{4} - 2\dfrac{3}{10}$

**11** $4\dfrac{7}{22} - 2\dfrac{16}{33}$

**12** $7\dfrac{3}{16} - 5\dfrac{11}{24}$

**13** $5\dfrac{9}{28} - 3\dfrac{13}{21}$

**14** $9\dfrac{2}{5} - 2\dfrac{5}{9}$

**15** $8\dfrac{3}{7} - 3\dfrac{5}{8}$

계산을 하여 기약분수로 나타내시오.

**16** $5\dfrac{2}{3} - 2\dfrac{3}{4}$

**17** $3\dfrac{1}{5} - 1\dfrac{2}{7}$

**18** $5\dfrac{1}{6} - 2\dfrac{1}{4}$

**19** $3\dfrac{1}{10} - 1\dfrac{4}{5}$

**20** $5\dfrac{1}{3} - 4\dfrac{5}{13}$

**21** $6\dfrac{3}{8} - 3\dfrac{15}{16}$

**22** $4\dfrac{7}{10} - 3\dfrac{13}{15}$

**23** $9\dfrac{3}{10} - 5\dfrac{3}{4}$

**24** $10\dfrac{5}{12} - 5\dfrac{2}{3}$

**25** $6\dfrac{5}{14} - 3\dfrac{4}{7}$

**26** $8\dfrac{5}{12} - 6\dfrac{7}{10}$

**27** $7\dfrac{5}{18} - 2\dfrac{1}{2}$

**28** $3\dfrac{2}{5} - 1\dfrac{12}{13}$

**29** $11\dfrac{1}{6} - 8\dfrac{15}{26}$

**30** $4\dfrac{7}{12} - 2\dfrac{11}{16}$

**31** $7\dfrac{1}{6} - 6\dfrac{7}{15}$

**32** $5\dfrac{5}{18} - 1\dfrac{8}{9}$

**33** $7\dfrac{5}{21} - 1\dfrac{9}{14}$

**34** $9\dfrac{13}{24} - 7\dfrac{35}{48}$

**35** $7\dfrac{3}{8} - 3\dfrac{19}{28}$

**36** $9\dfrac{9}{10} - 7\dfrac{17}{18}$

**37** $3\frac{2}{3}$ $-1\frac{5}{6}$ ▢

**38** $7\frac{1}{2}$ $-2\frac{2}{3}$ ▢

**39** $6\frac{5}{11}$ $-4\frac{3}{4}$ ▢

**40** $4\frac{1}{7}$ $-1\frac{5}{9}$ ▢

**41** $5\frac{1}{20}$ $-4\frac{3}{10}$ ▢

**42** $7\frac{2}{9} \Rightarrow$ $-3\frac{5}{6}$ $\Rightarrow$ ▢

**43** $4\frac{7}{20} \Rightarrow$ $-2\frac{23}{30}$ $\Rightarrow$ ▢

**44** $8\frac{5}{12} \Rightarrow$ $-2\frac{31}{36}$ $\Rightarrow$ ▢

**45** $6\frac{13}{44} \Rightarrow$ $-1\frac{9}{22}$ $\Rightarrow$ ▢

**46** $8\frac{5}{39} \Rightarrow$ $-6\frac{7}{26}$ $\Rightarrow$ ▢

# 숨은 그림 찾기

다음 그림에서 숨은 그림 5개를 모두 찾아 ○표 하시오.

> 장화, 망치, 물고기, 종이비행기, 여성 구두

교과서 분수의 덧셈과 뺄셈

## 16 받아내림이 있는 대분수의 뺄셈 (2)

예 $3\dfrac{1}{4} - 1\dfrac{2}{3} = 3\dfrac{3}{12} - 1\dfrac{8}{12}$

$= 2\dfrac{15}{12} - 1\dfrac{8}{12}$

$= (2-1) + \left(\dfrac{15}{12} - \dfrac{8}{12}\right)$

$= 1 + \dfrac{7}{12} = 1\dfrac{7}{12}$

분수 부분끼리 뺄 수 없을 때에는 자연수에서 1을 받아내림하여 계산해요.

1~15 계산을 하여 기약분수로 나타내시오.

**1** $4\dfrac{1}{2} - 1\dfrac{7}{9}$

**2** $5\dfrac{2}{9} - 3\dfrac{2}{3}$

**3** $2\dfrac{3}{5} - 1\dfrac{3}{4}$

**4** $4\dfrac{5}{12} - 2\dfrac{9}{14}$

**5** $6\dfrac{3}{10} - 3\dfrac{3}{7}$

**6** $4\dfrac{5}{9} - 2\dfrac{7}{12}$

**7** $5\dfrac{5}{16} - 1\dfrac{11}{24}$

**8** $7\dfrac{13}{30} - 2\dfrac{17}{20}$

**9** $3\dfrac{5}{7} - 2\dfrac{7}{8}$

**10** $6\dfrac{3}{8} - 2\dfrac{9}{16}$

**11** $8\dfrac{7}{30} - 6\dfrac{11}{15}$

**12** $4\dfrac{5}{36} - 1\dfrac{17}{18}$

**13** $4\dfrac{10}{21} - 1\dfrac{22}{35}$

**14** $6\dfrac{4}{9} - 3\dfrac{7}{15}$

**15** $8\dfrac{5}{28} - 4\dfrac{9}{14}$

채점한 대로 자르세요

**16** $3\dfrac{1}{6} - 1\dfrac{2}{3}$

**23** $7\dfrac{3}{10} - 2\dfrac{11}{15}$

**30** $7\dfrac{1}{6} - 3\dfrac{7}{10}$

**17** $4\dfrac{2}{7} - 1\dfrac{3}{4}$

**24** $5\dfrac{5}{12} - 3\dfrac{5}{8}$

**31** $6\dfrac{9}{25} - 4\dfrac{17}{20}$

**18** $5\dfrac{3}{8} - 4\dfrac{1}{2}$

**25** $8\dfrac{1}{4} - 7\dfrac{9}{16}$

**32** $5\dfrac{3}{11} - 1\dfrac{10}{33}$

**19** $7\dfrac{2}{5} - 3\dfrac{7}{10}$

**26** $4\dfrac{6}{13} - 2\dfrac{4}{7}$

**33** $9\dfrac{5}{21} - 6\dfrac{11}{14}$

**20** $8\dfrac{4}{9} - 5\dfrac{3}{4}$

**27** $9\dfrac{5}{6} - 3\dfrac{17}{18}$

**34** $5\dfrac{4}{15} - 2\dfrac{13}{45}$

**21** $6\dfrac{9}{28} - 2\dfrac{5}{14}$

**28** $4\dfrac{3}{20} - 1\dfrac{7}{15}$

**35** $7\dfrac{16}{35} - 3\dfrac{9}{14}$

**22** $9\dfrac{5}{16} - 6\dfrac{11}{24}$

**29** $6\dfrac{2}{17} - 2\dfrac{13}{34}$

**36** $8\dfrac{7}{20} - 2\dfrac{33}{50}$

**37**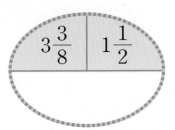

**42**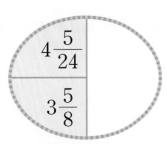

**38**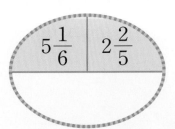

**43**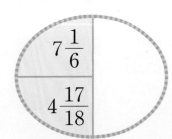

**39**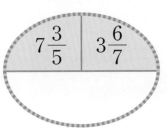

**44**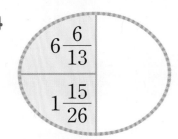

**40**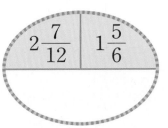

**45**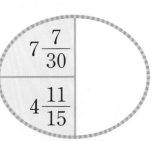

**41**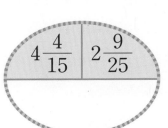

**46**

# 재미있는 연산놀이터

# 다른 그림 찾기

아래 그림에서 위 그림과 다른 부분 5군데를 모두 찾아 ○표 하시오.

# 17 받아내림이 있는 대분수의 뺄셈 (3)

집중하여 정확하고 빠르게 문제를 풀어 보세요.

공부한 날  월  일

걸린 시간 분

**1~21** 계산을 하여 기약분수로 나타내시오.

**1** $4\dfrac{1}{5} - 1\dfrac{2}{3} = 2\dfrac{8}{15}$

**2** $2\dfrac{5}{9} - 1\dfrac{3}{4}$

**3** $3\dfrac{1}{3} - 1\dfrac{6}{7}$

**4** $4\dfrac{5}{18} - 3\dfrac{5}{6}$

**5** $5\dfrac{1}{7} - 1\dfrac{1}{2}$

**6** $5\dfrac{1}{12} - 4\dfrac{8}{9}$

**7** $3\dfrac{2}{5} - 2\dfrac{7}{10}$

**8** $5\dfrac{3}{14} - 2\dfrac{2}{3}$

**9** $2\dfrac{13}{32} - 1\dfrac{11}{16}$

**10** $4\dfrac{1}{8} - 2\dfrac{5}{7}$

**11** $2\dfrac{1}{3} - 1\dfrac{10}{13}$

**12** $4\dfrac{3}{8} - 1\dfrac{7}{12}$

**13** $7\dfrac{12}{35} - 3\dfrac{17}{20}$

**14** $6\dfrac{7}{16} - 1\dfrac{25}{36}$

**15** $6\dfrac{5}{12} - 1\dfrac{19}{24}$

**16** $4\dfrac{2}{7} - 2\dfrac{2}{3}$

**17** $5\dfrac{3}{8} - 3\dfrac{9}{10}$

**18** $4\dfrac{6}{19} - 1\dfrac{1}{2}$

**19** $3\dfrac{5}{21} - 1\dfrac{11}{14}$

**20** $7\dfrac{1}{45} - 4\dfrac{7}{9}$

**21** $6\dfrac{2}{33} - 3\dfrac{15}{22}$

**22~42** 계산을 하여 기약분수로 나타내시오.

**22** $4\dfrac{1}{3} - 1\dfrac{1}{2}$

**23** $5\dfrac{1}{6} - 2\dfrac{3}{4}$

**24** $3\dfrac{7}{12} - 1\dfrac{11}{15}$

**25** $6\dfrac{2}{7} - 2\dfrac{10}{21}$

**26** $5\dfrac{2}{9} - 1\dfrac{25}{36}$

**27** $7\dfrac{7}{18} - 3\dfrac{19}{27}$

**28** $9\dfrac{3}{4} - 4\dfrac{23}{25}$

**29** $3\dfrac{1}{5} - 1\dfrac{2}{3}$

**30** $3\dfrac{4}{25} - 2\dfrac{9}{10}$

**31** $4\dfrac{21}{44} - 1\dfrac{7}{8}$

**32** $5\dfrac{19}{50} - 2\dfrac{23}{25}$

**33** $9\dfrac{5}{16} - 4\dfrac{3}{4}$

**34** $6\dfrac{1}{20} - 2\dfrac{7}{10}$

**35** $5\dfrac{4}{11} - 3\dfrac{11}{12}$

**36** $2\dfrac{1}{24} - 1\dfrac{5}{8}$

**37** $6\dfrac{1}{4} - 2\dfrac{6}{7}$

**38** $8\dfrac{5}{18} - 3\dfrac{8}{9}$

**39** $7\dfrac{1}{14} - 3\dfrac{3}{5}$

**40** $4\dfrac{1}{15} - 2\dfrac{16}{45}$

**41** $3\dfrac{1}{2} - 1\dfrac{10}{17}$

**42** $6\dfrac{3}{34} - 3\dfrac{51}{68}$

**43**

$6\frac{1}{2}$

$-1\frac{7}{8}$

**44**

$3\frac{5}{9}$

$-1\frac{10}{11}$

**45**

$7\frac{3}{14}$

$-2\frac{2}{3}$

**46**

$8\frac{1}{5}$

$-4\frac{11}{25}$

**47**

| $-$ | | |
|---|---|---|
| $4\frac{1}{10}$ | $2\frac{13}{25}$ | |
| $3\frac{3}{4}$ | $1\frac{11}{12}$ | |

**48**

| $-$ | | |
|---|---|---|
| $2\frac{5}{48}$ | $1\frac{15}{32}$ | |
| $3\frac{2}{7}$ | $2\frac{4}{5}$ | |

**49**

| $-$ | | |
|---|---|---|
| $6\frac{1}{8}$ | $1\frac{5}{6}$ | |
| $4\frac{3}{16}$ | $3\frac{9}{14}$ | |

**50**

| $-$ | | |
|---|---|---|
| $7\frac{9}{20}$ | $3\frac{29}{30}$ | |
| $6\frac{11}{39}$ | $4\frac{9}{13}$ | |

# 세계 위인의 업적

세계 위인의 이름과 업적을 알아보려고 합니다. 계산 결과를 찾아 선으로 이어 보시오.

$$3\frac{1}{2} - 1\frac{5}{6}$$

### 토머스 에디슨
(1847~1931)

$$1\frac{2}{3}$$

미국의 발명가로 특허 수가 1000종을 넘어 발명왕으로 불립니다. 백열전구, 축음기, 영화 촬영기 등을 발명하였습니다.

$$5\frac{1}{7} - 2\frac{3}{8}$$

### 플로렌스 나이팅게일
(1820~1910)

$$2\frac{43}{56}$$

영국의 간호사로 크림 전쟁 중 이스탄불에서 야전병원장으로 활약하였습니다. 현대 간호학의 기초를 만들고 군 의료 제도 개혁에 힘썼습니다.

$$4\frac{5}{12} - 1\frac{7}{9}$$

### 에이브러햄 링컨
(1809~1865)

$$1\frac{7}{12}$$

미국의 제 16대 대통령으로 미국 남북 전쟁을 승리로 이끌었습니다. '노예해방선언'을 발표하여 점진적인 노예 제도 폐지를 이루었습니다.

$$5\frac{1}{3} - 3\frac{3}{4}$$

### 마리 퀴리
(1867~1934)

$$2\frac{23}{36}$$

프랑스의 물리학자, 화학자로 방사능 연구를 하여 최초의 방사성 원소인 플로늄과 라듐을 발견하였습니다. 노벨상을 두 번 수상한 최초의 과학자입니다.

교과서 분수의 덧셈과 뺄셈

# 18 분수의 덧셈과 뺄셈 계산의 크기 비교

공부한 날    월    일

걸린 시간
분

예 $2\frac{1}{2}+1\frac{2}{3}$ 와 $7\frac{1}{3}-2\frac{5}{6}$ 의 크기 비교

· $2\frac{1}{2}+1\frac{2}{3}=2\frac{3}{6}+1\frac{4}{6}=(2+1)+(\frac{3}{6}+\frac{4}{6})=3+\frac{7}{6}=3+1\frac{1}{6}=4\frac{1}{6}$

· $7\frac{1}{3}-2\frac{5}{6}=7\frac{2}{6}-2\frac{5}{6}=6\frac{8}{6}-2\frac{5}{6}=(6-2)+(\frac{8}{6}-\frac{5}{6})=4+\frac{3}{6}=4\frac{3}{6}=4\frac{1}{2}$

➡ $2\frac{1}{2}+1\frac{2}{3}$ ⬦<⬦ $7\frac{1}{3}-2\frac{5}{6}$

1~10 크기를 비교하여 ○ 안에 >, =, <를 알맞게 써넣으시오.

**1** $\frac{1}{4}+\frac{2}{5}$ ◯ $\frac{11}{20}$

**2** $\frac{5}{6}+\frac{4}{9}$ ◯ $1\frac{2}{9}$

**3** $1\frac{1}{5}+2\frac{3}{8}$ ◯ $3\frac{5}{8}$

**4** $\frac{2}{3}+\frac{2}{9}$ ◯ $\frac{1}{6}+\frac{5}{18}$

**5** $2\frac{1}{3}+3\frac{2}{5}$ ◯ $5\frac{14}{15}$

**6** $\frac{4}{7}-\frac{5}{14}$ ◯ $\frac{9}{28}$

**7** $\frac{11}{12}-\frac{7}{18}$ ◯ $\frac{17}{36}$

**8** $5\frac{5}{24}-3\frac{1}{6}$ ◯ $2\frac{1}{12}$

**9** $4\frac{7}{20}-1\frac{12}{25}$ ◯ $2\frac{7}{10}$

**10** $5\frac{7}{16}-1\frac{11}{24}$ ◯ $7\frac{5}{12}-3\frac{17}{48}$

**11~24** 크기를 비교하여 ○ 안에 >, =, <를 알맞게 써넣으시오.

**11** $\dfrac{1}{5} + \dfrac{3}{7}$ ○ $\dfrac{5}{7}$

**12** $\dfrac{5}{7} + \dfrac{2}{3}$ ○ $1\dfrac{8}{21}$

**13** $2\dfrac{1}{6} + 3\dfrac{2}{3}$ ○ $5\dfrac{7}{9}$

**14** $5\dfrac{1}{8} + 1\dfrac{2}{7}$ ○ $6\dfrac{3}{7}$

**15** $4\dfrac{5}{7} + 3\dfrac{11}{14}$ ○ $8\dfrac{11}{14}$

**16** $\dfrac{4}{5} + \dfrac{9}{10}$ ○ $\dfrac{1}{4} + \dfrac{4}{5}$

**17** $\dfrac{7}{8} - \dfrac{1}{4}$ ○ $\dfrac{3}{8}$

**18** $6\dfrac{15}{16} - 4\dfrac{3}{8}$ ○ $2\dfrac{1}{4}$

**19** $4\dfrac{5}{11} - 2\dfrac{2}{3}$ ○ $1\dfrac{9}{11}$

**20** $\dfrac{17}{18} - \dfrac{1}{3}$ ○ $\dfrac{11}{27}$

**21** $\dfrac{5}{6} + \dfrac{3}{10}$ ○ $3\dfrac{14}{15} - 2\dfrac{1}{5}$

**22** $5\dfrac{1}{4} - 2\dfrac{3}{10}$ ○ $1\dfrac{2}{5} + 1\dfrac{3}{4}$

**23** $5\dfrac{3}{7} - 2\dfrac{9}{14}$ ○ $6\dfrac{20}{21} - 4\dfrac{4}{7}$

**24** $4\dfrac{7}{11} + 2\dfrac{14}{33}$ ○ $3\dfrac{1}{2} + 3\dfrac{9}{22}$

**25** $\dfrac{5}{8} + \dfrac{3}{4}$ ◯ $1\dfrac{1}{4}$

**26** $2\dfrac{1}{6} + 3\dfrac{1}{3}$ ◯ $5\dfrac{2}{3}$

**27** $5\dfrac{5}{7} - 2\dfrac{1}{5}$ ◯ $3\dfrac{3}{7}$

**28** $4\dfrac{5}{13} - 1\dfrac{1}{2}$ ◯ $2\dfrac{10}{13}$

**29** $\dfrac{4}{5} - \dfrac{3}{20}$ ◯ $\dfrac{9}{10} - \dfrac{2}{5}$

**30** $7\dfrac{1}{4} - 3\dfrac{13}{18}$ ◯ $5\dfrac{5}{12} - 1\dfrac{2}{3}$

**31** $\dfrac{2}{9} + \dfrac{1}{3}$ ◯ $\dfrac{5}{6}$

**32** $\dfrac{9}{10} - \dfrac{13}{20}$ ◯ $\dfrac{3}{16}$

**33** $3\dfrac{5}{11} + 1\dfrac{5}{6}$ ◯ $5\dfrac{4}{33}$

**34** $\dfrac{3}{4} - \dfrac{1}{3}$ ◯ $\dfrac{1}{3} + \dfrac{1}{4}$

**35** $2\dfrac{7}{8} + 2\dfrac{9}{16}$ ◯ $1\dfrac{21}{32} + 3\dfrac{5}{8}$

**36** $4\dfrac{9}{14} - 1\dfrac{3}{7}$ ◯ $1\dfrac{6}{7} + 1\dfrac{22}{35}$

실력 Check! 채점하여 자신의 실력을 확인해 보세요!

| 맞힌 개수 | 34개 이상 | 연산왕! 참 잘했어요! |
|---|---|---|
| | 25~33개 | 틀린 문제를 점검해요! |
| 개/36개 | 24개 이하 | 차근차근 다시 풀어요! |

엄마의 확인 Note 칭찬할 점과 주의할 점을 써주세요!

정답확인 | 칭찬 |
| 주의 |

쏙셈 9권 41일 - 3

# 먹이 찾아가기

쏙셈 9권 **41일** - 4

펭귄이 먹이를 찾아가려고 합니다. 계산 결과의 크기를 비교하여 더 큰 쪽을 따라가 나오는 먹이의 번호를 쓰시오.

분수의 크기를 비교하기 위해서는 통분을 해야 해.

**풀 이**

답 _____

교과서 분수의 덧셈과 뺄셈

# 단원 마무리 연산!

여러 가지 연산 문제로 단원을 마무리하여 연산왕에 도전해 보세요.

공부한 날 　월　　일　 걸린 시간 　분

**1~18** 계산을 하여 기약분수로 나타내시오.

**1** $\dfrac{5}{12}+\dfrac{3}{8}$

**2** $\dfrac{5}{9}+\dfrac{1}{12}$

**3** $\dfrac{7}{20}+\dfrac{13}{30}$

**4** $\dfrac{3}{10}+\dfrac{5}{8}$

**5** $\dfrac{2}{5}+\dfrac{3}{4}$

**6** $\dfrac{5}{6}+\dfrac{2}{3}$

**7** $\dfrac{7}{8}+\dfrac{1}{6}$

**8** $\dfrac{2}{3}+\dfrac{7}{8}$

**9** $\dfrac{1}{2}+\dfrac{5}{7}$

**10** $1\dfrac{1}{8}+4\dfrac{1}{2}$

**11** $4\dfrac{1}{5}+2\dfrac{4}{35}$

**12** $3\dfrac{7}{12}+2\dfrac{5}{18}$

**13** $3\dfrac{5}{6}+3\dfrac{1}{10}$

**14** $5\dfrac{3}{4}+1\dfrac{2}{5}$

**15** $1\dfrac{9}{12}+4\dfrac{5}{6}$

**16** $3\dfrac{5}{9}+2\dfrac{5}{8}$

**17** $1\dfrac{11}{24}+6\dfrac{5}{8}$

**18** $2\dfrac{5}{18}+2\dfrac{49}{54}$

**19** $\dfrac{5}{6} - \dfrac{1}{2}$

**26** $4\dfrac{5}{8} - 2\dfrac{1}{10}$

**33** $6\dfrac{3}{10} - 1\dfrac{13}{20}$

**20** $\dfrac{18}{25} - \dfrac{3}{5}$

**27** $3\dfrac{5}{6} - 1\dfrac{8}{15}$

**34** $5\dfrac{11}{45} - 1\dfrac{7}{15}$

**21** $\dfrac{7}{12} - \dfrac{1}{18}$

**28** $5\dfrac{7}{16} - 2\dfrac{5}{12}$

**35** $7\dfrac{1}{4} - 3\dfrac{9}{10}$

**22** $\dfrac{6}{7} - \dfrac{3}{14}$

**29** $4\dfrac{2}{7} - 1\dfrac{1}{14}$

**36** $6\dfrac{5}{6} - 3\dfrac{7}{8}$

**23** $\dfrac{9}{10} - \dfrac{2}{5}$

**30** $8\dfrac{13}{24} - 3\dfrac{7}{60}$

**37** $5\dfrac{2}{21} - 2\dfrac{3}{14}$

**24** $\dfrac{11}{12} - \dfrac{5}{8}$

**31** $7\dfrac{38}{77} - 1\dfrac{5}{14}$

**38** $10\dfrac{8}{27} - 5\dfrac{14}{45}$

**25** $\dfrac{28}{55} - \dfrac{7}{22}$

**32** $7\dfrac{3}{4} - 2\dfrac{5}{16}$

**39** $9\dfrac{13}{72} - 8\dfrac{19}{36}$

**40**

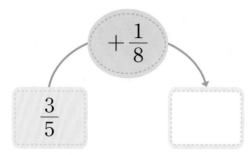

**45**

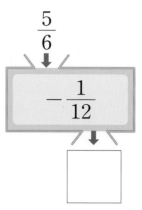

**41**

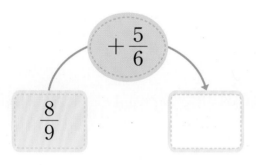

**46**

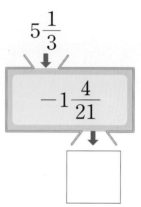

**42**

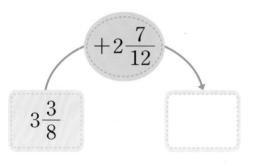

**47**

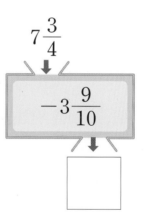

**43**

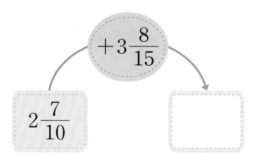

**48**

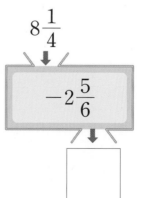

**44**

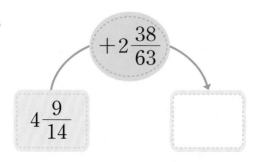

**49** 주스를 소현이는 $\dfrac{7}{8}$ L 마셨고, 우주는 $\dfrac{3}{4}$ L 마셨습니다. 소현이와 우주가 마신 주스는 모두 몇 L입니까?

식 _____

답 _____

**50** 가람이는 찰흙을 $3\dfrac{5}{9}$ kg 가지고 있습니다. 그중에서 미술 시간에 $1\dfrac{7}{12}$ kg을 사용하였습니다. 남은 찰흙은 몇 kg입니까?

식 _____

답 _____

**51** 주헌이와 수아가 높이뛰기를 하였습니다. 주헌이는 $1\dfrac{3}{10}$ m를 뛰었고, 수아는 $1\dfrac{4}{15}$ m를 뛰었습니다. 주헌이와 수아의 높이뛰기 기록의 합은 몇 m입니까?

식 _____

답 _____

| 맞힌 개수 | 49개 이상 | 연산왕! 참 잘했어요! |
| --- | --- | --- |
| | 36~48개 | 틀린 문제를 점검해요! |
| 개/51개 | 35개 이하 | 차근차근 다시 풀어요! |

실력 Check! 채점하여 자신의 실력을 확인해 보세요!

엄마의 확인 Note 칭찬할 점과 주의할 점을 써주세요!

| 칭찬 | |
| --- | --- |
| 주의 | |

쏙셈 9권 42일 - 4

교과서 다각형의 둘레와 넓이

# 1 정다각형의 둘레

공부한 날 　월　　일

걸린 시간 　분

✔ (정다각형의 둘레)=(한 변의 길이)×(변의 개수)

예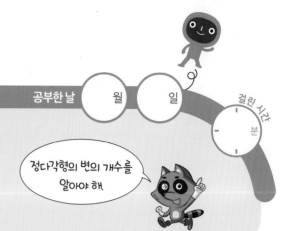

➡ (정오각형의 둘레)=5×5=25 (cm)

정다각형의 변의 개수를 알아야 해.

**1~9** 정다각형의 둘레를 구하려고 합니다. □ 안에 알맞은 수를 써넣으시오.

**1**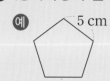

6×3

=□ (cm)

**4**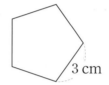

3×□

=□ (cm)

**7**

8×□

=□ (cm)

**2**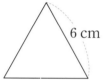

4×6

=□ (cm)

**5**

2×□

=□ (cm)

**8**

5×□

=□ (cm)

**3**

7×4

=□ (cm)

**6**

5×□

=□ (cm)

**9**

3×□

=□ (cm)

**10~24** 정다각형의 둘레를 구하시오.

**10**

7 cm

(                    )

**15**

5 cm

(                    )

**20**

14 cm

(                    )

**11**

9 cm

(                    )

**16**

11 cm

(                    )

**21**

16 cm

(                    )

**12**

3 cm

(                    )

**17**

19 cm

(                    )

**22**

22 cm

(                    )

**13**

6 cm

(                    )

**18**

10 cm

(                    )

**23**

15 cm

(                    )

**14**

4 cm

(                    )

**19**

8 cm

(                    )

**24**

20 cm

(                    )

**25~32** 다음은 정다각형의 둘레입니다. □ 안에 알맞은 수를 써넣으시오.

**25**

85 cm

□ cm

**29**

42 cm

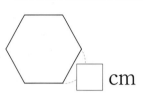
□ cm

**26**

42 cm

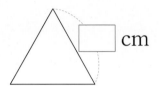
□ cm

**30**

162 cm

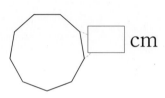
□ cm

**27**

96 cm

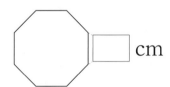
□ cm

**31**

115 cm

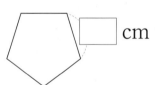
□ cm

**28**

48 cm

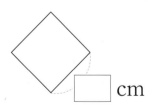
□ cm

**32**

112 cm

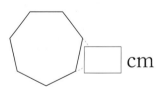
□ cm

# 고사성어

다음 정다각형의 둘레에 해당하는 글자를 보기 에서 찾아 아래 표의 빈칸에 차례로 써넣으면 고사성어가 완성됩니다. 완성된 고사성어를 쓰시오.

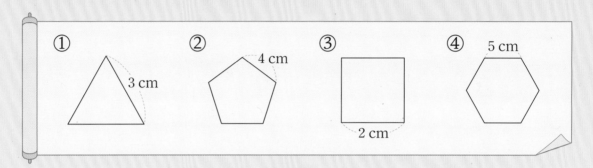

① 3 cm

② 4 cm

③ 2 cm

④ 5 cm

**보기**

| 근 | 반 | 흑 | 주 | 하 |
|---|---|---|---|---|
| 9 cm | 12 cm | 16 cm | 20 cm | 40 cm |
| 적 | 경 | 자 | 거 | 묵 |
| 30 cm | 15 cm | 8 cm | 10 cm | 24 cm |

| ① | ② | ③ | ④ |
|---|---|---|---|
|   |   |   |   |

완성된 고사성어는 붉은 색을 가까이 하면 붉어 진다는 의미로 주변의 환경이 중요하다는 것을 말해요.

**풀 이**



답 _____

교과서 다각형의 둘레와 넓이

# 2 사각형의 둘레

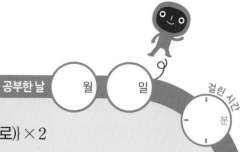

공부한 날 월 일

- (직사각형의 둘레)＝(가로)＋(세로)＋(가로)＋(세로)＝{(가로)＋(세로)}×2
- (평행사변형의 둘레)＝{(한 변의 길이)＋(다른 한 변의 길이)}×2
- (마름모의 둘레)＝(한 변의 길이)×4

예 4 cm / 5 cm
➡ 5＋4＋5＋4
＝(5＋4)×2＝18 (cm)

예 4 cm / 3 cm
➡ 4＋3＋4＋3
＝(4＋3)×2＝14 (cm)

예 3 cm
➡ 3×4
＝12 (cm)

**1~6** 사각형의 둘레를 구하려고 합니다. □ 안에 알맞은 수를 써넣으시오.

**1**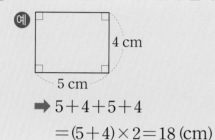
10 cm / 7 cm

$7＋10＋7＋\boxed{}$
$＝(7＋\boxed{})×2$
$＝\boxed{}$ (cm)

**3**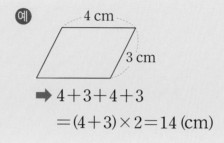
8 cm / 11 cm

$11＋8＋11＋\boxed{}$
$＝(11＋\boxed{})×2$
$＝\boxed{}$ (cm)

**5**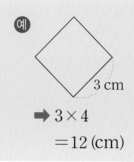
6 cm / 8 cm

$8＋6＋8＋\boxed{}$
$＝(8＋\boxed{})×2$
$＝\boxed{}$ (cm)

**2**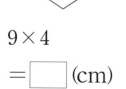
9 cm

$9×4$
$＝\boxed{}$ (cm)

**4** 6 cm 6 cm

$6×4$
$＝\boxed{}$ (cm)

**6**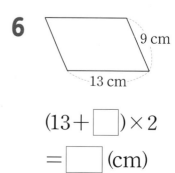
9 cm / 13 cm

$(13＋\boxed{})×2$
$＝\boxed{}$ (cm)

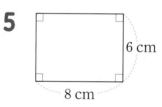

**7**

(직사각형의 둘레)

= □ cm

**11**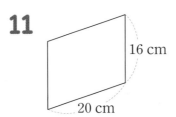

(평행사변형의 둘레)

= □ cm

**15**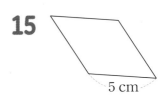

(마름모의 둘레)

= □ cm

**8**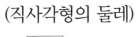

(직사각형의 둘레)

= □ cm

**12**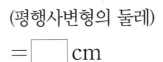

(평행사변형의 둘레)

= □ cm

**16**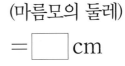

(마름모의 둘레)

= □ cm

**9**

(직사각형의 둘레)

= □ cm

**13**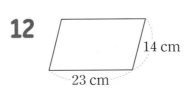

(평행사변형의 둘레)

= □ cm

**17**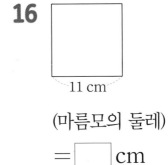

(마름모의 둘레)

= □ cm

**10**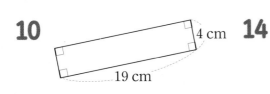

(직사각형의 둘레)

= □ cm

**14**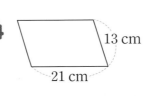

(평행사변형의 둘레)

= □ cm

**18**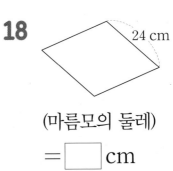

(마름모의 둘레)

= □ cm

**19**

5 cm
6 cm

(                    )

**23**

15 cm
17 cm

(                    )

**27**

7 cm

(                    )

**20**

11 cm
7 cm

(                    )

**24**

20 cm
23 cm

(                    )

**28**

15 cm

(                    )

**21**

10 cm
14 cm

(                    )

**25**

25 cm
15 cm

(                    )

**29**

21 cm

(                    )

**22**

16 cm
18 cm

(                    )

**26**

19 cm
18 cm

(                    )

**30**

26 cm

(                    )

# 삼국통일의 기틀이 된 화랑도

쏙셈 9권 44일 - 4

교과서 다각형의 둘레와 넓이

# 3 직사각형의 넓이

공부한날 월 일

걸린 시간 분

✔ (직사각형의 넓이)＝(가로)×(세로)

예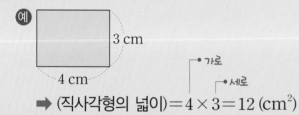
3 cm
4 cm
가로
세로

➡ (직사각형의 넓이)＝4×3＝12 (cm²)

✔ (정사각형의 넓이)＝(한 변의 길이)×(한 변의 길이)

예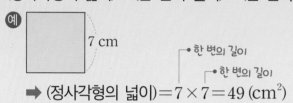
7 cm
한 변의 길이
한 변의 길이

➡ (정사각형의 넓이)＝7×7＝49 (cm²)

정사각형은 직사각형이라고 할 수 있어요.

직사각형의 넓이를 구하는 방법으로 정사각형의 넓이를 구해도 돼요.

**1~6** 직사각형의 넓이를 구하려고 합니다. □ 안에 알맞은 수를 써넣으시오.

**1**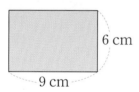
6 cm
9 cm

$9 \times \boxed{\phantom{0}}$
$= \boxed{\phantom{0}}$ (cm²)

**3**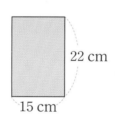
22 cm
15 cm

$15 \times \boxed{\phantom{0}}$
$= \boxed{\phantom{0}}$ (cm²)

**5**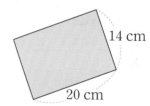
14 cm
20 cm

$20 \times \boxed{\phantom{0}}$
$= \boxed{\phantom{0}}$ (cm²)

**2**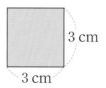
3 cm
3 cm

$3 \times \boxed{\phantom{0}}$
$= \boxed{\phantom{0}}$ (cm²)

**4**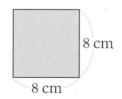
8 cm
8 cm

$8 \times \boxed{\phantom{0}}$
$= \boxed{\phantom{0}}$ (cm²)

**6**
15 cm 15 cm

$15 \times \boxed{\phantom{0}}$
$= \boxed{\phantom{0}}$ (cm²)

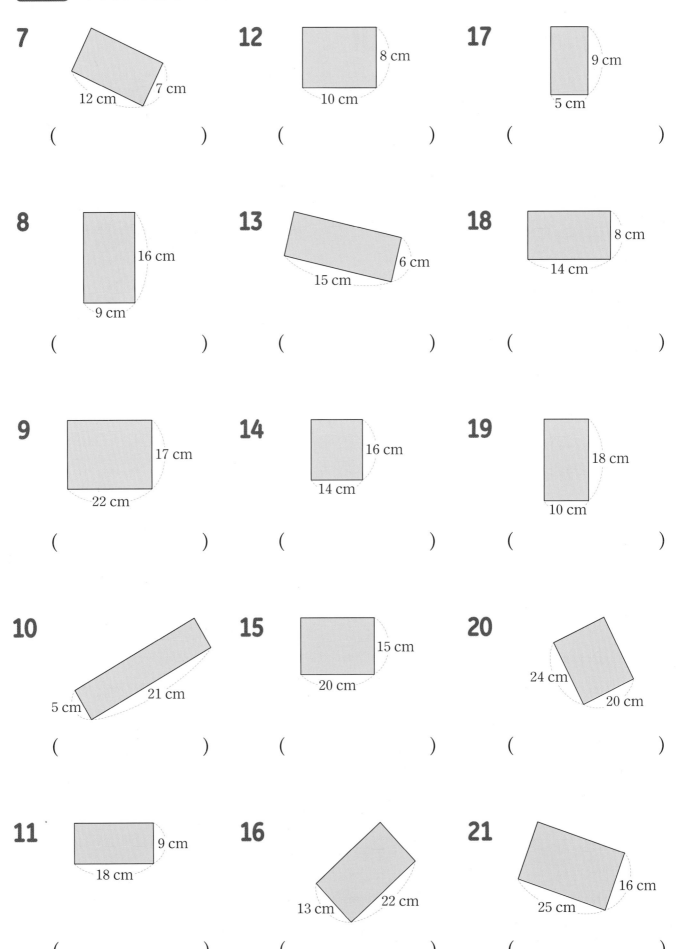

**7**

12 cm   7 cm

(                    )

**12**

8 cm
10 cm

(                    )

**17**

9 cm
5 cm

(                    )

**8**

16 cm
9 cm

(                    )

**13**

15 cm   6 cm

(                    )

**18**

8 cm
14 cm

(                    )

**9**

17 cm
22 cm

(                    )

**14**

16 cm
14 cm

(                    )

**19**

18 cm
10 cm

(                    )

**10**

21 cm
5 cm

(                    )

**15**

15 cm
20 cm

(                    )

**20**

24 cm
20 cm

(                    )

**11**

9 cm
18 cm

(                    )

**16**

13 cm   22 cm

(                    )

**21**

16 cm
25 cm

(                    )

**22~33** 정사각형의 넓이를 구하시오.

**22**  4 cm

(         )

**26**  18 cm

(         )

**30**  21 cm

(         )

**23**  5 cm

(         )

**27**  12 cm

(         )

**31**  9 cm

(         )

**24**  16 cm

(         )

**28**  25 cm

(         )

**32**  13 cm

(         )

**25**  10 cm

(         )

**29**  24 cm

(         )

**33**  20 cm

(         )

# 숨은 그림 찾기

다음 그림에서 숨은 그림 5개를 모두 찾아 ○표 하시오.

꽈배기, 삼각자, 고추, 옷걸이, 나사못

정답

교과서 다각형의 둘레와 넓이

# ④ 평행사변형의 넓이

공부한 날 ○월 ○일

걸린 시간 분

✓ 평행사변형에서 평행한 두 변을 밑변이라 하고, 두 밑변 사이의 거리를 높이라고 합니다.

✓ (평행사변형의 넓이)＝(밑변)×(높이)

예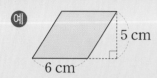

➡ (평행사변형의 넓이)
＝6×5＝30 (cm²)
└ 높이
└ 밑변

예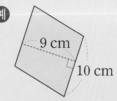

➡ (평행사변형의 넓이)
＝10×9＝90 (cm²)

평행사변형의 모양이 다르더라도 밑변과 높이가 같으면 그 넓이는 같아요.

1~6 평행사변형의 넓이를 구하려고 합니다. ☐ 안에 알맞은 수를 써넣으시오.

**1**

8×☐

＝☐ (cm²)

**3**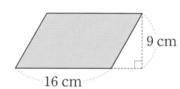

16×☐

＝☐ (cm²)

**5**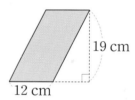

12×☐

＝☐ (cm²)

**2**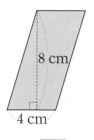

4×☐

＝☐ (cm²)

**4**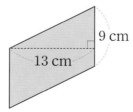

9×☐

＝☐ (cm²)

**6**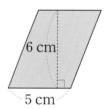

5×☐

＝☐ (cm²)

**7**

5 cm
7 cm

(         )

**12**

15 cm
14 cm

(         )

**17**

7 cm
4 cm

(         )

**8**

13 cm
15 cm

(         )

**13**

7 cm
9 cm

(         )

**18**

6 cm
9 cm

(         )

**9**

11 cm
20 cm

(         )

**14**

25 cm
21 cm

(         )

**19**

12 cm
10 cm

(         )

**10**

10 cm
14 cm

(         )

**15**

11 cm
15 cm

(         )

**20**

12 cm
20 cm

(         )

**11**

12 cm
4 cm

(         )

**16**

16 cm
20 cm

(         )

**21**

15 cm
18 cm

(         )

**22**

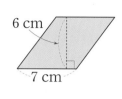

6 cm

7 cm

식 _____

답 _____

**23**

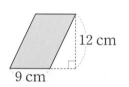

12 cm

9 cm

식 _____

답 _____

**24**

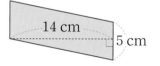

14 cm

5 cm

식 _____

답 _____

**25**

8 cm

7 cm

식 _____

답 _____

**26**

14 cm

11 cm

식 _____

답 _____

**27**

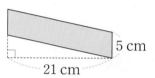

5 cm

21 cm

식 _____

답 _____

**28**

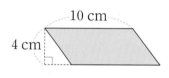

10 cm

4 cm

식 _____

답 _____

**29**

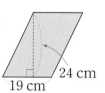

24 cm

19 cm

식 _____

답 _____

# 마무리 연산 퍼즐  길 찾기

공주가 넓이가 60 cm²인 평행사변형을 따라가며 길을 찾으려고 합니다. 길을 찾아 선으로 이어 보시오.

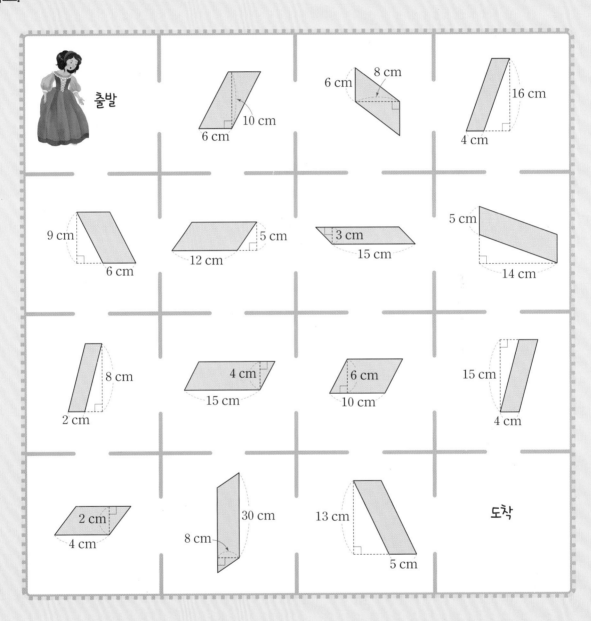

# 5 삼각형의 넓이

공부한 날    월    일

걸린 시간 분

✓ 삼각형의 한 변을 밑변이라고 하면 밑변과 마주 보는 꼭짓점에서 밑변에 수직으로 그은 선분을 높이라고 합니다.

✓ (삼각형의 넓이)＝(밑변)×(높이)÷2

예

➡ (삼각형의 넓이)
  $=5×4÷2=10 (cm^2)$
  밑변    높이

예 3 cm ... 6 cm

➡ (삼각형의 넓이)
  $=3×6÷2=9 (cm^2)$

삼각형의 모양이 다르더라도 밑변과 높이가 같으면 그 넓이는 같아요.

1~6 삼각형의 넓이를 구하려고 합니다. □ 안에 알맞은 수를 써넣으시오.

**1**

5 cm
8 cm

$8×\boxed{\phantom{0}}÷2$
$=\boxed{\phantom{0}} (cm^2)$

**3**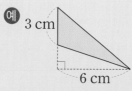

6 cm    4 cm

$4×\boxed{\phantom{0}}÷2$
$=\boxed{\phantom{0}} (cm^2)$

**5**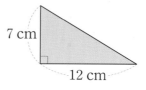

7 cm
12 cm

$12×\boxed{\phantom{0}}÷2$
$=\boxed{\phantom{0}} (cm^2)$

**2**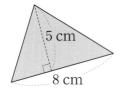

8 cm
9 cm

$9×\boxed{\phantom{0}}÷2$
$=\boxed{\phantom{0}} (cm^2)$

**4**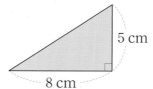

5 cm
8 cm

$8×\boxed{\phantom{0}}÷\boxed{\phantom{0}}$
$=\boxed{\phantom{0}} (cm^2)$

**6**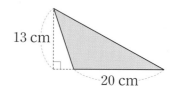

13 cm
20 cm

$20×\boxed{\phantom{0}}÷\boxed{\phantom{0}}$
$=\boxed{\phantom{0}} (cm^2)$

정답과 대로 자르세요

**7**

9 cm

14 cm

(                )

**12**

22 cm

11 cm

(                )

**17**

8 cm

15 cm

(                )

**8**

8 cm

12 cm

(                )

**13**

12 cm

13 cm

(                )

**18**

10 cm

16 cm

(                )

**9**

8 cm

10 cm

(                )

**14**

6 cm

18 cm

(                )

**19**

14 cm

7 cm

(                )

**10**

15 cm

6 cm

(                )

**15**

8 cm

13 cm

(                )

**20**

14 cm

15 cm

(                )

**11**

18 cm

7 cm

(                )

**16**

5 cm

20 cm

(                )

**21**

18 cm

22 cm

(                )

**22~29** 삼각형의 넓이를 구하는 식을 쓰고 답을 구하시오.

**22**

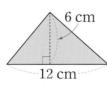

6 cm

12 cm

식 _____

답 _____

**26**

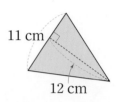

9 cm

4 cm

식 _____

답 _____

**23**

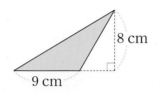

8 cm

9 cm

식 _____

답 _____

**27**

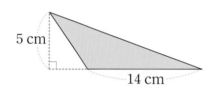

11 cm

12 cm

식 _____

답 _____

**24**

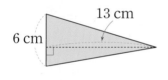

13 cm

6 cm

식 _____

답 _____

**28**

5 cm

14 cm

식 _____

답 _____

**25**

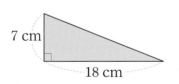

7 cm

18 cm

식 _____

답 _____

**29**

10 cm

36 cm

식 _____

답 _____

# 사다리 타기

쪽셈 9권 47일 - 4

사다리 타기는 줄을 따라 내려가다가 가로로 놓인 선을 만나면 가로 선을 따라 맨 아래까지 내려가는 놀이입니다. 삼각형의 넓이를 구하여 사다리를 타고 내려가서 도착한 곳에 써넣으시오.

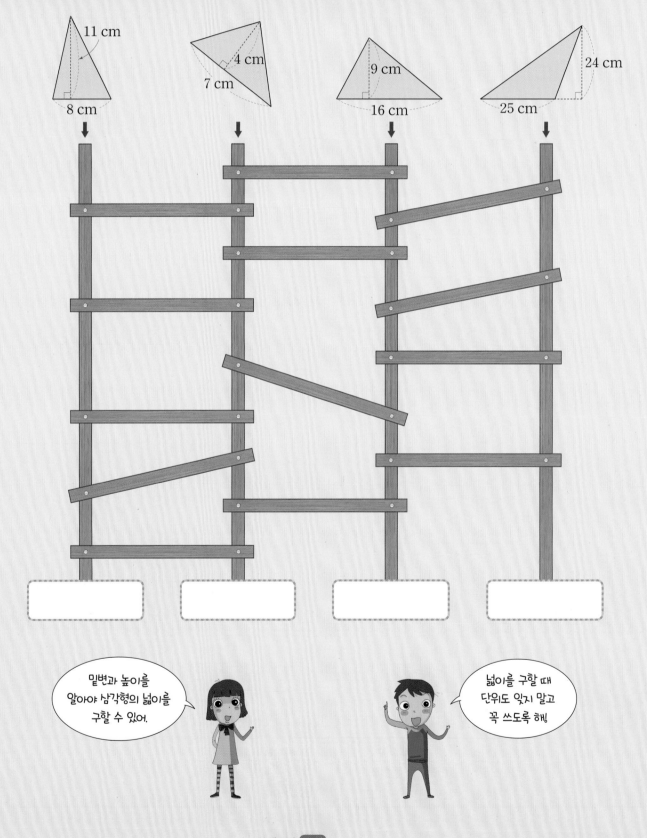

밑변과 높이를
알아야 삼각형의 넓이를
구할 수 있어.

넓이를 구할 때
단위도 잊지 말고
꼭 쓰도록 해!

교과서 다각형의 둘레와 넓이

# 6 마름모의 넓이

공부한 날  월  일

걸린 시간  분

✔ (마름모의 넓이)＝(한 대각선의 길이)×(다른 대각선의 길이)÷2

예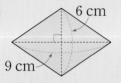
6 cm
9 cm

➡ (마름모의 넓이)
＝9×6÷2＝27 (cm²)
└ 다른 대각선의 길이
└ 한 대각선의 길이

예
8 cm
8 cm

➡ (마름모의 넓이)
＝8×8÷2＝32 (cm²)

마름모의 두 대각선이 서로 수직임을 이용하여 마름모의 넓이를 구하는 방법을 생각해 봐!

**1~6** 마름모의 넓이를 구하려고 합니다. □ 안에 알맞은 수를 써넣으시오.

**1**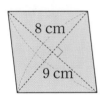
8 cm
9 cm

$9 \times \boxed{\phantom{0}} \div 2$

$= \boxed{\phantom{0}}$ (cm²)

**3**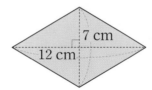
7 cm
12 cm

$12 \times \boxed{\phantom{0}} \div 2$

$= \boxed{\phantom{0}}$ (cm²)

**5**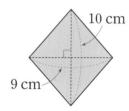
10 cm
9 cm

$9 \times \boxed{\phantom{0}} \div 2$

$= \boxed{\phantom{0}}$ (cm²)

**2**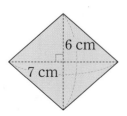
6 cm
7 cm

$7 \times \boxed{\phantom{0}} \div 2$

$= \boxed{\phantom{0}}$ (cm²)

**4**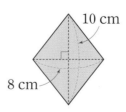
10 cm
8 cm

$8 \times \boxed{\phantom{0}} \div \boxed{\phantom{0}}$

$= \boxed{\phantom{0}}$ (cm²)

**6**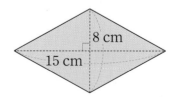
8 cm
15 cm

$15 \times \boxed{\phantom{0}} \div \boxed{\phantom{0}}$

$= \boxed{\phantom{0}}$ (cm²)

잘찾나서 다로 자르세요

**7~21** 마름모의 넓이를 구하시오.

**7**

8 cm
8 cm

(        )

**8**

15 cm
10 cm

(        )

**9**

18 cm 13 cm

(        )

**10**

12 cm
24 cm

(        )

**11**

11 cm
8 cm

(        )

**12**

22 cm
14 cm

(        )

**13**

16 cm
24 cm

(        )

**14**

20 cm
14 cm

(        )

**15**

16 cm
9 cm

(        )

**16**

6 cm
12 cm

(        )

**17**

4 cm
10 cm

(        )

**18**

9 cm
6 cm

(        )

**19**

8 cm
17 cm

(        )

**20**

11 cm
13 cm

(        )

**21**

14 cm
10 cm

(        )

**22**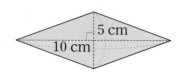

식 _____

답 _____

**26**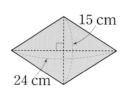

식 _____

답 _____

**23**

식 _____

답 _____

**27**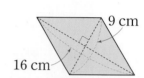

식 _____

답 _____

**24**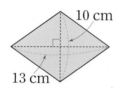

식 _____

답 _____

**28**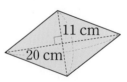

식 _____

답 _____

**25**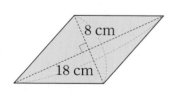

식 _____

답 _____

**29**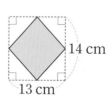

식 _____

답 _____

| 맞힌 개수 | 27개 이상 | 연산왕! 참 잘했어요! |
| --- | --- | --- |
| 개/29개 | 20~26개 | 틀린 문제를 점검해요! |
| | 19개 이하 | 차근차근 다시 풀어요! |

실력 Check! 채점하여 자신의 실력을 확인해 보세요!

엄마의 확인 Note 칭찬할 점과 주의할 점을 써주세요!

정답확인

칭찬

주의

쏙셈 9권 **48일** - 3

# 다른 그림 찾기

아래 사진에서 위 사진과 다른 부분 5군데를 모두 찾아 ○표 하시오.

정답

교과서 다각형의 둘레와 넓이

# 7 사다리꼴의 넓이

공부한날 월 일

걸린 시간 분

✔ 사다리꼴에서 평행한 두 변을 밑변이라 하고, 한 밑변을 윗변, 다른 밑변을 아랫변이라고 합니다. 이때 두 밑변 사이의 거리를 높이라고 합니다.

✔ (사다리꼴의 넓이)＝{(윗변)＋(아랫변)}×(높이)÷2

예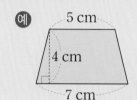

➡ (사다리꼴의 넓이)
$= (5+7) \times 4 \div 2 = 24 \ (\text{cm}^2)$
윗변 ┘ 아랫변 ┘ 높이 ┘

예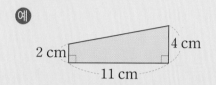

➡ (사다리꼴의 넓이)
$= (2+4) \times 11 \div 2 = 33 \ (\text{cm}^2)$

사다리꼴의 모양이 다르더라도 두 밑변의 길이의 합과 높이가 같으면 그 넓이는 같아요.

---

**1~6** 사다리꼴의 넓이를 구하려고 합니다. ☐ 안에 알맞은 수를 써넣으시오.

**1**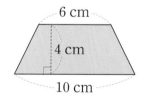

$(6+10) \times \boxed{\phantom{0}} \div 2$
$= \boxed{\phantom{0}} \ (\text{cm}^2)$

**3**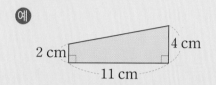

$(10+17) \times \boxed{\phantom{0}} \div 2$
$= \boxed{\phantom{0}} \ (\text{cm}^2)$

**5**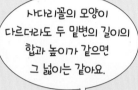

$(9+14) \times \boxed{\phantom{0}} \div 2$
$= \boxed{\phantom{0}} \ (\text{cm}^2)$

**2**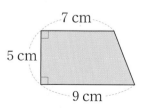

$(7+9) \times \boxed{\phantom{0}} \div 2$
$= \boxed{\phantom{0}} \ (\text{cm}^2)$

**4**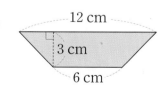

$(12+6) \times \boxed{\phantom{0}} \div 2$
$= \boxed{\phantom{0}} \ (\text{cm}^2)$

**6**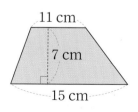

$(11+15) \times \boxed{\phantom{0}} \div 2$
$= \boxed{\phantom{0}} \ (\text{cm}^2)$

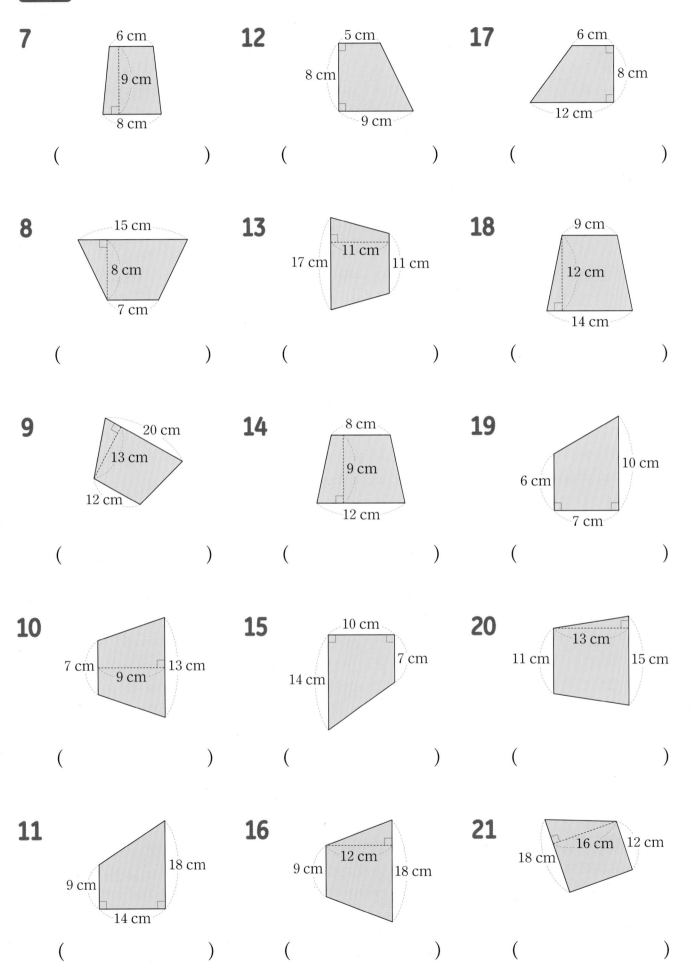

**7**

6 cm
9 cm
8 cm

(            )

**12**

5 cm
8 cm
9 cm

(            )

**17**

6 cm
8 cm
12 cm

(            )

**8**

15 cm
8 cm
7 cm

(            )

**13**

17 cm
11 cm
11 cm

(            )

**18**

9 cm
12 cm
14 cm

(            )

**9**

20 cm
13 cm
12 cm

(            )

**14**

8 cm
9 cm
12 cm

(            )

**19**

10 cm
6 cm
7 cm

(            )

**10**

7 cm
9 cm
13 cm

(            )

**15**

10 cm
7 cm
14 cm

(            )

**20**

13 cm
11 cm
15 cm

(            )

**11**

18 cm
9 cm
14 cm

(            )

**16**

12 cm
9 cm
18 cm

(            )

**21**

16 cm
12 cm
18 cm

(            )

**22**

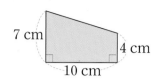

식

답

**26**

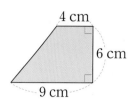

식

답

**23**

식

답

**27**

식

답

**24**

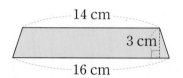

식

답

**28**

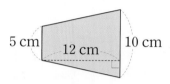

식

답

**25**

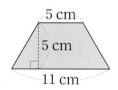

식

답

**29**

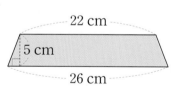

식

답

# 미로 찾기

인어공주는 왕자를 구하러 가려고 합니다. 길을 찾아 선으로 이어 보시오.

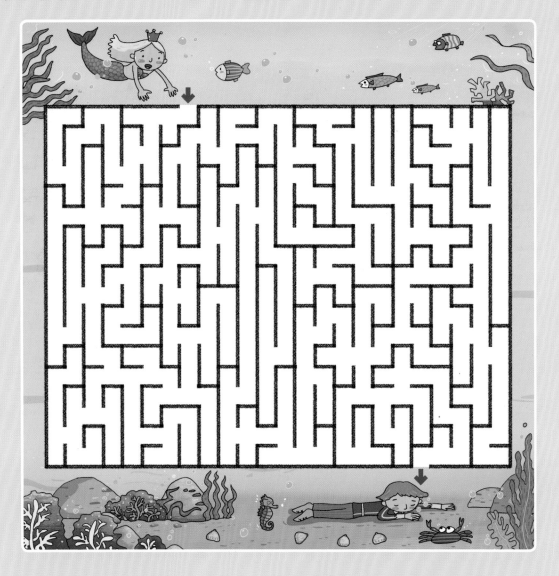

교과서 다각형의 둘레와 넓이

# 단원 마무리 연산!

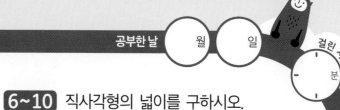

여러 가지 연산 문제로 단원을 마무리하여 연산왕에 도전해 보세요.

공부한 날    월    일    걸린 시간    분

**1~5** 도형의 둘레를 구하시오.

**1**

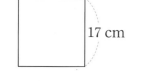

4 cm    정오각형

(                    )

**2**

17 cm    정사각형

(                    )

**3**

13 cm
15 cm    직사각형

(                    )

**4**

24 cm
18 cm    평행사변형

(                    )

**5**

22 cm    마름모

(                    )

**6~10** 직사각형의 넓이를 구하시오.

**6**

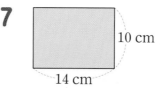

8 cm
6 cm

(                    )

**7**

10 cm
14 cm

(                    )

**8**

26 cm    17 cm

(                    )

**9**

11 cm    11 cm

(                    )

**10**

23 cm
23 cm

(                    )

점선대로 자르세요

**11~15** 평행사변형의 넓이를 구하시오.

**11**

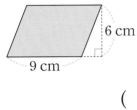

9 cm
6 cm

(                    )

**12**

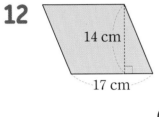

14 cm
17 cm

(                    )

**13**

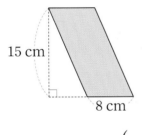

15 cm
8 cm

(                    )

**14**

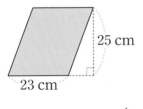

25 cm
23 cm

(                    )

**15**

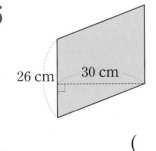

26 cm
30 cm

(                    )

**16~20** 삼각형의 넓이를 구하시오.

**16**

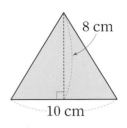

8 cm
10 cm

(                    )

**17**

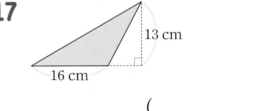

13 cm
16 cm

(                    )

**18**

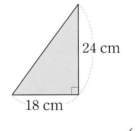

24 cm
18 cm

(                    )

**19**

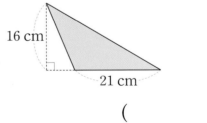

16 cm
21 cm

(                    )

**20**

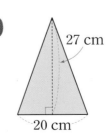

27 cm
20 cm

(                    )

**21~25** 마름모의 넓이를 구하시오.

**21**

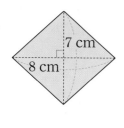

7 cm
8 cm

( )

**22**

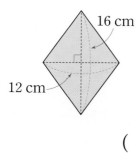

16 cm
12 cm

( )

**23**

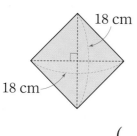

18 cm
18 cm

( )

**24**

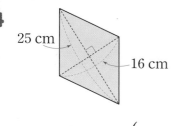

25 cm
16 cm

( )

**25**

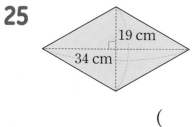

19 cm
34 cm

( )

**26~30** 사다리꼴의 넓이를 구하시오.

**26**

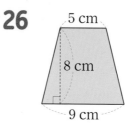

5 cm
8 cm
9 cm

( )

**27**

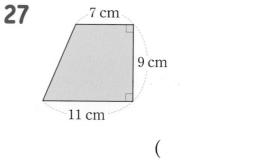

7 cm
9 cm
11 cm

( )

**28**

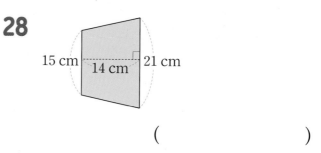

15 cm
14 cm
21 cm

( )

**29**

12 cm
18 cm
8 cm

( )

**30**

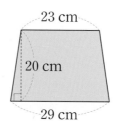

23 cm
20 cm
29 cm

( )

**31** 가로가 12 cm, 세로가 9 cm인 직사각형 모양의 수첩의 둘레는 몇 cm입니까?

식 _____

답 _____

**32** 대각선의 길이가 각각 20 cm, 13 cm인 마름모 모양의 연이 있습니다. 이 연의 넓이는 몇 cm²입니까?

식 _____

답 _____

**33** 벽면에 무늬가 오른쪽과 같이 꾸며져 있습니다. 밑변이 6 cm, 높이가 3 cm인 평행사변형 모양의 무늬 한 개의 넓이는 몇 cm²입니까?

식 _____

답 _____

**Check!** 채점하여 자신의 실력을 확인해 보세요!

| 맞힌 개수 | 31개 이상 | 연산왕! 참 잘했어요! |
| | 23~30개 | 틀린 문제를 점검해요! |
| 개/33개 | 22개 이하 | 차근차근 다시 풀어요! |

엄마의 확인 **Note** 칭찬할 점과 주의할 점을 써주세요!

정답확인

| 칭찬 | |
| 주의 | |

쏙셈 9권 **50일** - 4

# 하루쏙 한장셈 9권 정답

## 교과서 자연수의 혼합 계산

### ❶ 덧셈과 뺄셈이 섞여 있는 식　　1주 1일차

| | | | | | |
|---|---|---|---|---|---|
| **1** | 16 | **2** | 12 | **3** | 40 |
| **4** | 22 | **5** | 20 | **6** | 20 |
| **7** | 14 | **8** | 23 | **9** | 17 |
| **10** | 47 | **11** | 15 | **12** | 54 |
| **13** | 37 | **14** | 17 | **15** | 139 |
| **16** | 54 | **17** | 28 | **18** | 45 |
| **19** | 119 | **20** | 59 | **21** | 101 |
| **22** | 30 | **23** | 23 | **24** | 88 |
| **25** | 67 | **26** | 7 | **27** | 87 |
| **28** | 12 | **29** | 38, 38 | **30** | 25, 11 |
| **31** | 36, 14 | **32** | 39, 45 | **33** | 52, 56 |
| **34** | 74, 66 | **35** | 29, 37 | **36** | 66, 66 |

**마무리 연산 퍼즐** (왼쪽에서부터) 40, 12, 37, 46

### ❷ 곱셈과 나눗셈이 섞여 있는 식　　1주 2일차

| | | | | | |
|---|---|---|---|---|---|
| **1** | 12 | **2** | 24 | **3** | 6 |
| **4** | 42 | **5** | 6 | **6** | 30 |
| **7** | 14 | **8** | 9 | **9** | 18 |
| **10** | 192 | **11** | 18 | **12** | 14 |
| **13** | 5 | **14** | 10 | **15** | 6 |
| **16** | 77 | **17** | 16 | **18** | 30 |
| **19** | 7 | **20** | 78 | **21** | 36 |
| **22** | 9 | **23** | 30 | **24** | 3 |
| **25** | 90 | **26** | 3 | **27** | 18 |
| **28** | 50 | **29** | 26, 26 | **30** | 48, 12 |
| **31** | 54, 54 | **32** | 16, 1 | **33** | 24, 6 |
| **34** | 81, 1 | **35** | 46, 46 | **36** | 44, 396 |

**마무리 연산 퍼즐** 1 6295　　2 3675

### ❸ 덧셈, 뺄셈, 곱셈이 섞여 있는 식 (1)　　1주 3일차

| | | | | | |
|---|---|---|---|---|---|
| **1** | 35 | **2** | 50 | **3** | 74 |
| **4** | 342 | **5** | 30 | **6** | 39 |
| **7** | 104 | **8** | 28 | **9** | 70 |
| **10** | 92 | **11** | 64 | **12** | 20 |
| **13** | 16 | **14** | 21 | **15** | 9 |
| **16** | 32 | **17** | 62 | **18** | 125 |
| **19** | 50 | **20** | 14 | **21** | 62 |
| **22** | 68 | **23** | 59 | **24** | 35 |
| **25** | 371 | **26** | 80 | **27** | 92 |
| **28** | 52 | **29** | 7, 43 | **30** | 39, 137 |
| **31** | 47, 65 | **32** | 77, 189 | **33** | 76, 136 |
| **34** | 77, 69 | **35** | 77, 21 | **36** | 11, 75 |

**마무리 연산 퍼즐** ㉡, ㉣, ㉧, ㉤

### ❹ 덧셈, 뺄셈, 곱셈이 섞여 있는 식 (2)　　1주 4일차

| | | | | | |
|---|---|---|---|---|---|
| **1** | 11 | **2** | 46 | **3** | 36 |
| **4** | 30 | **5** | 23 | **6** | 9 |
| **7** | 25 | **8** | 7 | **9** | 84 |
| **10** | 98 | **11** | 13 | **12** | 27 |
| **13** | 110 | **14** | 17 | **15** | 21 |
| **16** | 130 | **17** | 56 | **18** | 100 |
| **19** | 114 | **20** | 30 | **21** | 7 |
| **22** | 34 | **23** | 106 | **24** | 40 |
| **25** | 29 | **26** | 60 | **27** | 142 |
| **28** | 114 | **29** | 19, 34 | **30** | 7, 123 |
| **31** | 22, 16 | **32** | 89, 31 | **33** | 42, 48 |
| **34** | 84, 36 | **35** | 3, 219 | **36** | 41, 77 |

**마무리 연산 퍼즐** 정준오

| | | | | | |
|---|---|---|---|---|---|
| **1** 22 | | **2** 3 | | **3** 11 | |
| **4** 25 | | **5** 15 | | **6** 49 | |
| **7** 3 | | **8** 34 | | **9** 2 | |
| **10** 26 | | **11** 20 | | **12** 67 | |
| **13** 15 | | **14** 54 | | **15** 61 | |
| **16** 37 | | **17** 13 | | **18** 82 | |
| **19** 54 | | **20** 61 | | **21** 4 | |
| **22** 25 | | **23** 34 | | **24** 3 | |
| **25** 5 | | **26** 53 | | **27** 37 | |
| **28** 36 | | **29** 26, 2 | | **30** 52, 22 | |
| **31** 49, 27 | | **32** 34, 4 | | **33** 23, 27 | |
| **34** 33, 1 | | **35** 91, 11 | | **36** 84, 35 | |

마무리 연산 **퍼즐** 재호

| | | | | | |
|---|---|---|---|---|---|
| **1** 29 | | **2** 14 | | **3** 11 | |
| **4** 32 | | **5** 48 | | **6** 70 | |
| **7** 11 | | **8** 28 | | **9** 7 | |
| **10** 14 | | **11** 4 | | **12** 43 | |
| **13** 13 | | **14** 4 | | **15** 34 | |
| **16** 110 | | **17** 31 | | **18** 23 | |
| **19** 14 | | **20** 130 | | **21** 14 | |
| **22** 8 | | **23** 25 | | **24** 7 | |
| **25** 2 | | **26** 68 | | **27** 27 | |
| **28** 121 | | **29** 57, 32 | | **30** 15, 47 | |
| **31** 23, 1 | | **32** 49, 65 | | **33** 10, 4 | |
| **34** 56, 28 | | **35** 30, 32 | | **36** 24, 4 | |

| | | | | | |
|---|---|---|---|---|---|
| **1** 13 | | **2** 3 | | **3** 30 | |
| **4** 47 | | **5** 27 | | **6** 45 | |
| **7** 3 | | **8** 3 | | **9** 140 | |
| **10** 54 | | **11** 23 | | **12** 49 | |
| **13** 42 | | **14** 7 | | **15** 28 | |
| **16** 46 | | **17** 37 | | **18** 25 | |
| **19** 39 | | **20** 8 | | **21** 3 | |
| **22** 78 | | **23** 29 | | **24** 73 | |
| **25** 150 | | **26** 34 | | **27** 10 | |
| **28** 29 | | **29** 45, 49 | | **30** 19, 39 | |
| **31** 76, 36 | | **32** 9, 26 | | **33** 62, 40 | |
| **34** 41, 33 | | **35** 23, 3 | | **36** 66, 117 | |

| | | | | | |
|---|---|---|---|---|---|
| **1** 26 | | **2** 20 | | **3** 31 | |
| **4** 13 | | **5** 14 | | **6** 16 | |
| **7** 2 | | **8** 49 | | **9** 93 | |
| **10** 35 | | **11** 9 | | **12** 61 | |
| **13** 12 | | **14** 55 | | **15** 40 | |
| **16** 76 | | **17** 70 | | **18** 117 | |
| **19** 25 | | **20** 38 | | **21** 29 | |
| **22** 48 | | **23** 54 | | **24** 27 | |
| **25** 51 | | **26** 22 | | **27** 1 | |
| **28** 93 | | **29** 19, 41 | | **30** 16, 24 | |
| **31** 43, 17 | | **32** 13, 5 | | **33** 20, 34 | |
| **34** 68, 20 | | **35** 36, 84 | | **36** 82, 163 | |

**1** $9 \times (9-4) + 4 = 49$

**2** $6 \times (6-3) + 3 = 21$

**3** $7 \times (7-5) + 5 = 19$

**4** $10 \times (10-2) + 2 = 82$

**5** $12 \times (12-4) + 4 = 100$

**6** $8 \times (8-6) + 6 = 22$

**7** $17 \times (17-12) + 12 = 97$

**8** $20 \times (20-13) + 13 = 153$

**9** $(4 + 4 \div 2) \times 2 = 12$

**10** $(6 + 6 \div 2) \times 2 = 18$

**11** $(9 + 9 \div 3) \times 3 = 36$

**12** $(10 + 10 \div 5) \times 5 = 60$

**13** $(8 + 8 \div 4) \times 4 = 40$

**14** $(16 + 16 \div 4) \times 4 = 80$

**15** $(14 + 14 \div 2) \times 2 = 42$

**16** $(15 + 15 \div 3) \times 3 = 60$

**17** $(12 + 12 \div 6) \times 6 = 84$

**18** $(18 + 18 \div 9) \times 9 = 180$

**19** 9    **20** 30    **21** 24

**22** 70    **23** 72    **24** 160

**25** 75    **26** 126    **27** 120

**28** 175

---

## 단원 마무리 연산    2주 5일차

**1** 50    **2** 36    **3** 108

**4** 24    **5** 7    **6** 40

**7** 8    **8** 52    **9** 23

**10** 64    **11** 60    **12** 30

**13** 19    **14** 95    **15** 37

**16** 49    **17** 11    **18** 21

**19** 38    **20** 72    **21** 74

**22** 14    **23** 52    **24** 73

**25** 94    **26** 5    **27** 32

**28** 73    **29** 88    **30** 150

**31** 36    **32** 6    **33** 42

**34** 23    **35** 47    **36** 7

**37** 137    **38** 93    **39** 975

**40** 67    **41** 44    **42** 4

**43** 63    **44** 35

**45** $13 + 14 - 12 = 15$ / 15명

**46** $12 \times 9 \div 4 = 27$ / 27자루

**47** $28 \div 4 + 25 \div 5 = 12$ / 12모둠

---

**교과서 약수와 배수**

### ❶ 약수와 배수    3주 1일차

**1** 1, 2, 3, 6    **2** 1, 7    **3** 1, 3, 9

**4** 1, 2, 4, 8, 16, 32    **5** 2, 4, 6, 8, 10

**6** 8, 16, 24, 32, 40    **7** 12, 24, 36, 48, 60

**8** 23, 46, 69, 92, 115    **9** 1, 3

**10** 1, 2, 4    **11** 1, 2, 5, 10

**12** 1, 2, 3, 6, 9, 18    **13** 1, 5, 25

**14** 1, 2, 4, 5, 8, 10, 20, 40

**15** 1, 3, 7, 9, 21, 63    **16** 11, 22, 33, 44, 55

**17** 15, 30, 45, 60, 75    **18** 20, 40, 60, 80, 100

**19** 32, 64, 96, 128, 160

**20** 48, 96, 144, 192, 240

**21** 55, 110, 165, 220, 275

**22** 62, 124, 186, 248, 310    **23** 1, 5

**24** 1, 2, 4, 8    **25** 1, 2, 4, 5, 10, 20

**26** 1, 3, 7, 21    **27** 1, 3, 5, 9, 15, 45

**28** 1, 2, 4, 8, 16, 32, 64

**29** 4, 8, 12, 16, 20    **30** 7, 14, 21, 28, 35

**31** 18, 36, 54, 72, 90

**32** 35, 70, 105, 140, 175

**33** 49, 98, 147, 196, 245

**34** 52, 104, 156, 208, 260

**마무리 연산 퍼즐** 힘

### ❷ 공약수와 최대공약수    3주 2일차

**1** 1, 2, 4, 8 / 1, 2, 4 / 1, 2, 4

**2** 1, 2, 3, 4, 6, 12 / 1, 2, 3, 5, 6, 10, 15, 30 / 1, 2, 3, 6

**3** 1, 3, 5, 15 / 1, 5, 25 / 1, 5

**4** 1, 2, 4, 8, 16 / 1, 2, 4, 7, 14, 28 / 1, 2, 4

**5** 1, 2 / 2    **6** 1, 2, 4 / 4

**7** 1, 7 / 7    **8** 1, 5 / 5

**9** 1, 3 / 3    **10** 1, 2, 5, 10 / 10

**11** 1, 2, 3, 6 / 6
**12** 1, 2, 4, 8 / 8
**13** 1, 3, 9 / 9
**14** 1, 3, 5, 15 / 15
**15** 1, 2 / 2
**16** 1, 2, 3, 6 / 6
**17** 1, 2, 4 / 4
**18** 1, 3 / 3
**19** 1, 2, 7, 14 / 14
**20** 1, 2, 5, 10 / 10
**21** 1, 2, 4, 8, 16 / 16
**22** 1, 2, 3, 6 / 6
**23** 1, 2, 3, 4, 6, 12 / 12
**24** 1, 3, 5, 15 / 15

**③ 공배수와 최소공배수**　　　　　3주 3일차

**1** 24, 32 / 8, 16, 24
**2** 10, 15, 20 / 20, 30, 40 / 10, 20, 30
**3** 24, 36, 48 / 36, 54, 72 / 36, 72, 108
**4** 32, 48, 64 / 48, 72, 96 / 48, 96, 144
**5** 6, 12, 18 / 6
**6** 14, 28, 42 / 14
**7** 18, 36, 54 / 18
**8** 20, 40, 60 / 20
**9** 40, 80, 120 / 40
**10** 60, 120, 180 / 60
**11** 50, 100, 150 / 50
**12** 72, 144, 216 / 72
**13** 240, 480, 720 / 240
**14** 84, 168, 252 / 84
**15** 14, 28, 42 / 14
**16** 12, 24, 36 / 12
**17** 15, 30, 45 / 15
**18** 20, 40, 60 / 20
**19** 48, 96, 144 / 48
**20** 42, 84, 126 / 42
**21** 80, 160, 240 / 80
**22** 90, 180, 270 / 90
**23** 66, 132, 198 / 66
**24** 144, 288, 432 / 144

**④ 최대공약수 구하기**　　　　　3주 4일차

**1** 2, 3, 2
**2** 3, 7, 3
**3** 7, 7, 14
**4** 13, 13, 13
**5** 4
**6** 6
**7** 8
**8** 21
**9** 12
**10** 9
**11** 12
**12** 15

**13** 10
**14** 28
**15** 5
**16** 7
**17** 10
**18** 6
**19** 8
**20** 9
**21** 12
**22** 26
**23** 21
**24** 4
**25** 18
**26** 15

**마무리 연산 퍼즐** 이준석

**⑤ 최소공배수 구하기**　　　　　3주 5일차

**1** 2, 7, 28
**2** 2, 3, 24
**3** 2, 5, 80
**4** 7, 7, 140
**5** 18
**6** 60
**7** 28
**8** 108
**9** 90
**10** 180
**11** 225
**12** 336
**13** 360
**14** 420
**15** 42
**16** 108
**17** 30
**18** 48
**19** 105
**20** 162
**21** 100
**22** 216
**23** 240
**24** 168
**25** 108
**26** 360

**마무리 연산 퍼즐** 진숙

**단원 마무리 연산**　　　　　4주 1일차

**1** 1, 2, 4, 8
**2** 1, 3, 5, 15
**3** 1, 2, 4, 5, 8, 10, 20, 40
**4** 1, 2, 4, 7, 8, 14, 28, 56
**5** 1, 3, 5, 15, 25, 75
**6** 1, 2, 4, 23, 46, 92
**7** 7, 14, 21, 28, 35
**8** 9, 18, 27, 36, 45
**9** 13, 26, 39, 52, 65
**10** 17, 34, 51, 68, 85
**11** 21, 42, 63, 84, 105
**12** 35, 70, 105, 140, 175
**13** 1, 2, 4 / 4
**14** 1, 5 / 5
**15** 1, 2, 7, 14 / 14
**16** 1, 2, 3, 6 / 6
**17** 1, 2, 4, 8 / 8
**18** 20, 40, 60 / 20
**19** 18, 36, 54 / 18
**20** 48, 96, 144 / 48
**21** 54, 108, 162 / 54
**22** 72, 144, 216 / 72
**23** 2, 12
**24** 5, 100
**25** 8, 48
**26** 9, 90
**27** 12, 180
**28** 10, 150
**29** 14, 84
**30** 12, 120
**31** 8, 576
**32** 1, 3, 9
**33** 5명
**34** 24일 후

## ❶ 크기가 같은 분수 만들기

**1** 2, 3, 4  **2** 4, 6, 8

**3** 6, 9, $\dfrac{12}{16}$  **4** $\dfrac{8}{10}$, $\dfrac{12}{15}$, $\dfrac{16}{20}$

**5** $\dfrac{4}{14}$, $\dfrac{6}{21}$, $\dfrac{8}{28}$  **6** $\dfrac{12}{16}$, $\dfrac{18}{24}$, $\dfrac{24}{32}$

**7** $\dfrac{10}{18}$, $\dfrac{15}{27}$, $\dfrac{20}{36}$  **8** $\dfrac{18}{20}$, $\dfrac{27}{30}$, $\dfrac{36}{40}$

**9** $\dfrac{14}{22}$, $\dfrac{21}{33}$, $\dfrac{28}{44}$  **10** $\dfrac{16}{30}$, $\dfrac{24}{45}$, $\dfrac{32}{60}$

**11** 9, 6, 3  **12** 5, 3, 1

**13** 12, 8, $\dfrac{6}{9}$  **14** $\dfrac{16}{24}$, $\dfrac{8}{12}$, $\dfrac{4}{6}$

**15** $\dfrac{6}{21}$, $\dfrac{4}{14}$, $\dfrac{2}{7}$  **16** $\dfrac{10}{15}$, $\dfrac{6}{9}$, $\dfrac{2}{3}$

**17** $\dfrac{12}{15}$, $\dfrac{8}{10}$, $\dfrac{4}{5}$  **18** $\dfrac{15}{20}$, $\dfrac{9}{12}$, $\dfrac{3}{4}$

**19** $\dfrac{12}{27}$, $\dfrac{8}{18}$, $\dfrac{4}{9}$  **20** $\dfrac{15}{20}$, $\dfrac{6}{8}$, $\dfrac{3}{4}$

**21** $\dfrac{24}{36}$, $\dfrac{16}{24}$, $\dfrac{12}{18}$  **22** $\dfrac{14}{21}$, $\dfrac{6}{9}$, $\dfrac{2}{3}$

**23** $\dfrac{18}{30}$, $\dfrac{12}{20}$, $\dfrac{9}{15}$  **24** $\dfrac{20}{25}$, $\dfrac{12}{15}$, $\dfrac{4}{5}$

**25** $\dfrac{21}{42}$, $\dfrac{14}{28}$, $\dfrac{7}{14}$  **26** $\dfrac{27}{54}$, $\dfrac{18}{36}$, $\dfrac{9}{18}$

**27** $\dfrac{4}{10}$, $\dfrac{6}{15}$, $\dfrac{8}{20}$  **28** $\dfrac{2}{8}$, $\dfrac{3}{12}$, $\dfrac{4}{16}$

**29** $\dfrac{16}{18}$, $\dfrac{24}{27}$, $\dfrac{32}{36}$  **30** $\dfrac{14}{24}$, $\dfrac{21}{36}$, $\dfrac{28}{48}$

**31** $\dfrac{12}{26}$, $\dfrac{18}{39}$, $\dfrac{24}{52}$  **32** $\dfrac{30}{32}$, $\dfrac{45}{48}$, $\dfrac{60}{64}$

**33** $\dfrac{6}{12}$, $\dfrac{4}{8}$, $\dfrac{3}{6}$  **34** $\dfrac{9}{15}$, $\dfrac{6}{10}$, $\dfrac{3}{5}$

**35** $\dfrac{16}{28}$, $\dfrac{8}{14}$, $\dfrac{4}{7}$  **36** $\dfrac{15}{25}$, $\dfrac{9}{15}$, $\dfrac{3}{5}$

**37** $\dfrac{27}{42}$, $\dfrac{18}{28}$, $\dfrac{9}{14}$  **38** $\dfrac{30}{48}$, $\dfrac{20}{32}$, $\dfrac{15}{24}$

## ❷ 약분

**1** 1  **2** 4  **3** 2, 1

**4** 6, 3  **5** 3, 1  **6** 1

**7** 15, 10, 5  **8** 16, 8, 4, 2  **9** 21, 14, 7

**10** 32, 16, 8, 4  **11** $\dfrac{1}{4}$  **12** $\dfrac{5}{6}$

**13** $\dfrac{1}{3}$  **14** $\dfrac{1}{2}$  **15** $\dfrac{7}{8}$  **16** $\dfrac{3}{5}$

**17** $\dfrac{1}{4}$  **18** $\dfrac{2}{13}$  **19** $\dfrac{3}{7}$  **20** $\dfrac{1}{3}$

**21** $\dfrac{2}{9}$  **22** $\dfrac{3}{4}$  **23** $\dfrac{1}{5}$  **24** $\dfrac{5}{8}$

**25** $\dfrac{4}{7}$  **26** $\dfrac{2}{5}$  **27** $\dfrac{2}{5}$  **28** $\dfrac{3}{4}$

**29** $\dfrac{2}{11}$  **30** $\dfrac{5}{13}$  **31** $\dfrac{2}{3}$  **32** $\dfrac{4}{5}$

**33** $\dfrac{2}{3}$  **34** $\dfrac{3}{5}$  **35** $\dfrac{1}{14}$  **36** $\dfrac{7}{9}$

**37** $\dfrac{5}{6}$  **38** $\dfrac{6}{7}$

마무리 연산 **퍼즐** (왼쪽에서부터) $\dfrac{3}{10}$, $\dfrac{2}{3}$, $\dfrac{3}{4}$, $\dfrac{5}{12}$, $\dfrac{1}{2}$

## ❸ 통분

**1** $\dfrac{4}{12}$, $\dfrac{3}{12}$  **2** $\dfrac{18}{24}$, $\dfrac{20}{24}$  **3** $\dfrac{24}{84}$, $\dfrac{77}{84}$

**4** $\dfrac{63}{72}$, $\dfrac{40}{72}$  **5** $\dfrac{91}{105}$, $\dfrac{90}{105}$  **6** $\dfrac{3}{6}$, $\dfrac{4}{6}$

**7** $2\dfrac{8}{24}$, $3\dfrac{15}{24}$  **8** $\dfrac{48}{64}$, $\dfrac{20}{64}$  **9** $1\dfrac{45}{50}$, $1\dfrac{20}{50}$

**10** $\dfrac{98}{168}$, $\dfrac{108}{168}$  **11** $\dfrac{3}{6}$, $\dfrac{1}{6}$  **12** $\dfrac{9}{12}$, $\dfrac{8}{12}$

**13** $\dfrac{2}{10}$, $\dfrac{3}{10}$  **14** $\dfrac{16}{28}$, $\dfrac{7}{28}$  **15** $\dfrac{21}{24}$, $\dfrac{10}{24}$

**16** $3\dfrac{14}{63}$, $2\dfrac{39}{63}$  **17** $\dfrac{25}{60}$, $\dfrac{28}{60}$  **18** $1\dfrac{26}{40}$, $2\dfrac{25}{40}$

**19** $\dfrac{8}{36}$, $\dfrac{3}{36}$  **20** $\dfrac{3}{30}$, $\dfrac{8}{30}$  **21** $4\dfrac{21}{56}$, $1\dfrac{20}{56}$

**22** $\dfrac{24}{90}$, $\dfrac{35}{90}$  **23** $\dfrac{55}{80}$, $\dfrac{36}{80}$  **24** $\dfrac{49}{126}$, $\dfrac{48}{126}$

**25** $\dfrac{9}{96}$, $\dfrac{20}{96}$  **26** $\dfrac{15}{54}$, $\dfrac{26}{54}$  **27** $\dfrac{4}{8}$, $\dfrac{6}{8}$

**28** $\dfrac{35}{42}$, $\dfrac{24}{42}$  **29** $\dfrac{77}{88}$, $\dfrac{64}{88}$  **30** $1\dfrac{48}{64}$, $3\dfrac{20}{64}$

**31** $\dfrac{99}{108}$, $\dfrac{84}{108}$  **32** $\dfrac{39}{260}$, $\dfrac{200}{260}$  **33** $\dfrac{2}{8}$, $\dfrac{5}{8}$

**34** $3\dfrac{6}{9}$, $2\dfrac{5}{9}$  **35** $\dfrac{20}{45}$, $\dfrac{21}{45}$  **36** $\dfrac{56}{105}$, $\dfrac{55}{105}$

**37** $2\dfrac{15}{40}$, $1\dfrac{14}{40}$  **38** $\dfrac{39}{72}$, $\dfrac{10}{72}$

**④ 두 분수의 크기 비교**　　4주 5일차

| 1 > | 2 < | 3 > | 4 > |
| 5 < | 6 < | 7 > | 8 > |
| 9 > | 10 > | 11 > | 12 < |
| 13 < | 14 > | 15 < | 16 < |
| 17 < | 18 < | 19 < | 20 > |
| 21 < | 22 > | 23 > | 24 > |
| 25 < | 26 < | 27 > | 28 > |
| 29 > | 30 < | 31 > | 32 > |
| 33 < | 34 < | 35 > | 36 < |

37 $\dfrac{2}{5}$　38 $\dfrac{13}{28}$　39 $\dfrac{16}{21}$　40 $1\dfrac{4}{9}$

41 $\dfrac{5}{6}$　42 $\dfrac{7}{8}$　43 $2\dfrac{12}{25}$　44 $3\dfrac{5}{24}$

마무리 연산 퍼즐 ③

---

**⑤ 세 분수의 크기 비교**　　5주 1일차

1 $\dfrac{1}{2}$, $\dfrac{1}{3}$, $\dfrac{1}{4}$　　2 $\dfrac{7}{8}$, $\dfrac{5}{6}$, $\dfrac{3}{4}$

3 $\dfrac{7}{12}$, $\dfrac{8}{15}$, $\dfrac{3}{10}$　　4 $1\dfrac{5}{12}$, $1\dfrac{3}{8}$, $1\dfrac{1}{6}$

5 $2\dfrac{7}{10}$, $2\dfrac{2}{3}$, $2\dfrac{3}{5}$　　6 $\dfrac{8}{9}$, $\dfrac{5}{6}$, $\dfrac{19}{27}$

7 $\dfrac{4}{5}$, $\dfrac{3}{4}$, $\dfrac{2}{3}$　　8 $\dfrac{1}{2}$, $\dfrac{5}{12}$, $\dfrac{1}{6}$

9 $\dfrac{7}{8}$, $\dfrac{3}{4}$, $\dfrac{7}{10}$　　10 $1\dfrac{2}{3}$, $1\dfrac{9}{14}$, $1\dfrac{4}{7}$

11 $\dfrac{1}{2}$, $\dfrac{5}{12}$, $\dfrac{4}{15}$　　12 $3\dfrac{5}{6}$, $3\dfrac{3}{4}$, $3\dfrac{8}{11}$

13 $\dfrac{2}{3}$, $\dfrac{8}{15}$, $\dfrac{1}{6}$　　14 $2\dfrac{3}{4}$, $2\dfrac{3}{8}$, $2\dfrac{5}{16}$

15 $\dfrac{5}{14}$, $\dfrac{1}{3}$, $\dfrac{4}{21}$　　16 $\dfrac{13}{16}$, $\dfrac{17}{24}$, $\dfrac{19}{32}$

17 $\dfrac{5}{8}$, $\dfrac{7}{12}$, $\dfrac{11}{20}$　　18 $\dfrac{5}{6}$, $\dfrac{13}{18}$, $\dfrac{9}{14}$

19 $\dfrac{1}{2}$　　20 $\dfrac{2}{5}$　　21 $\dfrac{17}{21}$　　22 $3\dfrac{11}{12}$

23 $\dfrac{5}{6}$　　24 $\dfrac{2}{3}$　　25 $1\dfrac{1}{2}$　　26 $\dfrac{5}{9}$

---

**⑥ 분수와 소수의 크기 비교**　　5주 2일차

| 1 < | 2 > | 3 > | 4 < |
| 5 > | 6 < | 7 > | 8 < |
| 9 > | 10 < | 11 = | 12 > |
| 13 > | 14 < | 15 > | 16 > |
| 17 > | 18 < | 19 < | 20 > |
| 21 < | 22 = | 23 > | 24 > |
| 25 > | 26 = | 27 > | 28 < |
| 29 < | 30 < | 31 = | 32 < |
| 33 < | 34 > | 35 > | 36 < |

37 0.05　38 $\dfrac{8}{25}$　39 1.9　40 $2\dfrac{19}{20}$

41 1.7　42 0.3　43 3.35　44 $1\dfrac{49}{70}$

45 4.3　46 $2\dfrac{8}{24}$

마무리 연산 퍼즐 ㉡

---

**단원 마무리 연산**　　5주 3일차

1 $\dfrac{2}{6}$, $\dfrac{3}{9}$, $\dfrac{4}{12}$　　2 $\dfrac{8}{10}$, $\dfrac{12}{15}$, $\dfrac{16}{20}$

3 $\dfrac{4}{14}$, $\dfrac{6}{21}$, $\dfrac{8}{28}$　　4 $\dfrac{6}{8}$, $\dfrac{9}{12}$, $\dfrac{12}{16}$

5 $\dfrac{14}{18}$, $\dfrac{21}{27}$, $\dfrac{28}{36}$　　6 $\dfrac{10}{12}$, $\dfrac{15}{18}$, $\dfrac{20}{24}$

7 $\dfrac{9}{12}$, $\dfrac{6}{8}$, $\dfrac{3}{4}$　　8 $\dfrac{6}{9}$, $\dfrac{4}{6}$, $\dfrac{2}{3}$

9 $\dfrac{15}{30}$, $\dfrac{10}{20}$, $\dfrac{6}{12}$　　10 $\dfrac{24}{28}$, $\dfrac{12}{14}$, $\dfrac{6}{7}$

11 $\dfrac{15}{30}$, $\dfrac{9}{18}$, $\dfrac{5}{10}$　　12 $\dfrac{27}{36}$, $\dfrac{18}{24}$, $\dfrac{9}{12}$

13 $\dfrac{1}{4}$　　14 $\dfrac{2}{5}$

15 $\dfrac{7}{9}$　　16 $\dfrac{8}{9}$

17 $\dfrac{3}{13}$　　18 $\dfrac{3}{4}$

19 $\dfrac{4}{9}$　　20 $\dfrac{3}{8}$

21 $\dfrac{5}{20}$, $\dfrac{16}{20}$　　22 $\dfrac{21}{24}$, $\dfrac{16}{24}$

**23** $\dfrac{21}{35}, \dfrac{30}{35}$     **24** $\dfrac{10}{20}, \dfrac{14}{20}$

**25** $\dfrac{24}{54}, \dfrac{45}{54}$     **26** $2\dfrac{13}{39}, 3\dfrac{33}{39}$

**27** $4\dfrac{52}{64}, 2\dfrac{48}{64}$     **28** $\dfrac{105}{150}, \dfrac{80}{150}$

**29** $\dfrac{7}{8}, \dfrac{2}{8}$     **30** $\dfrac{4}{30}, \dfrac{9}{30}$

**31** $\dfrac{27}{48}, \dfrac{20}{48}$     **32** $1\dfrac{3}{18}, 1\dfrac{16}{18}$

**33** $\dfrac{46}{72}, \dfrac{51}{72}$     **34** $\dfrac{48}{90}, \dfrac{35}{90}$

**35** $\dfrac{55}{120}, \dfrac{87}{120}$     **36** $\dfrac{45}{100}, \dfrac{12}{100}$

**37** $>$     **38** $<$

**39** $>$     **40** $<$

**41** $>$     **42** $<$

**43** $<$     **44** $<$

**45** $\dfrac{4}{7}$     **46** 오렌지주스

**47** 자몽

---

교과서 **분수의 덧셈과 뺄셈**

**1** 받아올림이 없는 진분수의 덧셈 (1)     5주 4일차

**1** $\dfrac{7}{10}$   **2** $\dfrac{7}{12}$   **3** $\dfrac{7}{8}$   **4** $\dfrac{28}{45}$

**5** $\dfrac{17}{21}$   **6** $\dfrac{27}{35}$   **7** $\dfrac{49}{90}$   **8** $\dfrac{13}{16}$

**9** $\dfrac{31}{36}$   **10** $\dfrac{7}{10}$   **11** $\dfrac{19}{40}$   **12** $\dfrac{19}{42}$

**13** $\dfrac{76}{105}$   **14** $\dfrac{56}{75}$   **15** $\dfrac{29}{200}$   **16** $\dfrac{8}{15}$

**17** $\dfrac{5}{6}$   **18** $\dfrac{5}{8}$   **19** $\dfrac{13}{20}$   **20** $\dfrac{13}{24}$

**21** $\dfrac{19}{45}$   **22** $\dfrac{31}{35}$   **23** $\dfrac{31}{48}$   **24** $\dfrac{31}{40}$

**25** $\dfrac{14}{15}$   **26** $\dfrac{9}{10}$   **27** $\dfrac{13}{24}$   **28** $\dfrac{13}{35}$

**29** $\dfrac{7}{18}$   **30** $\dfrac{85}{144}$   **31** $\dfrac{23}{52}$   **32** $\dfrac{57}{140}$

**33** $\dfrac{47}{60}$   **34** $\dfrac{61}{96}$   **35** $\dfrac{69}{100}$   **36** $\dfrac{1}{6}$

**37** $\dfrac{5}{6}$   **38** $\dfrac{11}{12}$   **39** $\dfrac{11}{18}$   **40** $\dfrac{27}{40}$

**41** $\dfrac{71}{88}$   **42** $\dfrac{1}{2}$   **43** $\dfrac{59}{90}$   **44** $\dfrac{2}{3}$

**45** $\dfrac{67}{84}$   **46** $\dfrac{19}{32}$

마무리 연산 퍼즐

| 출발 | $\dfrac{5}{12} + \dfrac{1}{2}$ | $\dfrac{1}{2} + \dfrac{4}{9}$ | $\dfrac{3}{8} + \dfrac{1}{4}$ |
|---|---|---|---|
| $\dfrac{13}{36} + \dfrac{5}{12}$ | $\dfrac{1}{12} \quad \dfrac{5}{6}$ | $\dfrac{2}{3} \quad \dfrac{1}{4}$ | $\dfrac{5}{16} + \dfrac{7}{24}$ |
| $\dfrac{2}{9} + \dfrac{1}{5}$ | $\dfrac{3}{7} + \dfrac{5}{14}$ | $\dfrac{1}{3} \quad \dfrac{7}{12}$ | $\dfrac{11}{20} + \dfrac{5}{12}$ |
| $\dfrac{4}{15} + \dfrac{9}{20}$ | $\dfrac{22}{45} + \dfrac{7}{15}$ | $\dfrac{3}{8} \quad \dfrac{13}{24}$ | $\dfrac{1}{6} \quad \dfrac{3}{4}$ |
| $\dfrac{5}{16} + \dfrac{1}{8}$ | $\dfrac{11}{24} \quad \dfrac{13}{36}$ | $\dfrac{3}{4} + \dfrac{3}{20}$ | 도착 |

**2** 받아올림이 없는 진분수의 덧셈 (2)     5주 5일차

**1** $\dfrac{13}{15}$   **2** $\dfrac{10}{21}$   **3** $\dfrac{7}{8}$   **4** $\dfrac{19}{21}$

**5** $\dfrac{11}{12}$   **6** $\dfrac{37}{45}$   **7** $\dfrac{39}{40}$   **8** $\dfrac{17}{45}$

9 $\dfrac{5}{6}$　　10 $\dfrac{4}{9}$　　11 $\dfrac{17}{24}$　　12 $\dfrac{47}{84}$

13 $\dfrac{59}{108}$　　14 $\dfrac{6}{35}$　　15 $\dfrac{19}{42}$　　16 $\dfrac{5}{12}$

17 $\dfrac{13}{15}$　　18 $\dfrac{7}{8}$　　19 $\dfrac{17}{35}$　　20 $\dfrac{13}{18}$

21 $\dfrac{25}{42}$　　22 $\dfrac{8}{15}$　　23 $\dfrac{37}{56}$　　24 $\dfrac{11}{14}$

25 $\dfrac{15}{16}$　　26 $\dfrac{8}{9}$　　27 $\dfrac{2}{3}$　　28 $\dfrac{13}{15}$

29 $\dfrac{8}{15}$　　30 $\dfrac{41}{45}$　　31 $\dfrac{9}{10}$　　32 $\dfrac{23}{30}$

33 $\dfrac{73}{140}$　　34 $\dfrac{123}{160}$　　35 $\dfrac{23}{66}$　　36 $\dfrac{11}{18}$

37 $\dfrac{3}{4}$　　38 $\dfrac{1}{2}$　　39 $\dfrac{7}{8}$　　40 $\dfrac{29}{35}$

41 (위에서부터) $\dfrac{2}{3}$ , $\dfrac{19}{24}$

42 (위에서부터) $\dfrac{31}{39}$ , $\dfrac{21}{26}$

43 (위에서부터) $\dfrac{19}{30}$ , $\dfrac{47}{75}$

44 (위에서부터) $\dfrac{29}{48}$ , $\dfrac{19}{32}$

### ③ 받아올림이 있는 진분수의 덧셈 (1)　　6주 1일차

1 $1\dfrac{3}{8}$　　2 $1\dfrac{2}{15}$　　3 $1\dfrac{1}{12}$　　4 $1\dfrac{7}{20}$

5 $1\dfrac{17}{40}$　　6 $1\dfrac{13}{18}$　　7 $1\dfrac{2}{5}$　　8 $1\dfrac{1}{12}$

9 $1\dfrac{43}{84}$　　10 $1\dfrac{11}{27}$　　11 $1\dfrac{11}{112}$　　12 $1\dfrac{47}{180}$

13 $1\dfrac{1}{36}$　　14 $1\dfrac{19}{64}$　　15 $1\dfrac{32}{55}$　　16 $1\dfrac{1}{12}$

17 $1\dfrac{3}{10}$　　18 $1\dfrac{5}{12}$　　19 $1\dfrac{3}{5}$　　20 $1\dfrac{4}{45}$

21 $1\dfrac{11}{24}$　　22 $1\dfrac{13}{35}$　　23 $1\dfrac{3}{10}$　　24 $1\dfrac{5}{14}$

25 $1\dfrac{1}{21}$　　26 $1\dfrac{1}{2}$　　27 $1\dfrac{37}{105}$　　28 $1\dfrac{7}{12}$

29 $1\dfrac{13}{36}$　　30 $1\dfrac{43}{72}$　　31 $1\dfrac{1}{6}$　　32 $1\dfrac{4}{175}$

33 $1\dfrac{35}{96}$　　34 $1\dfrac{5}{54}$　　35 $1\dfrac{43}{200}$　　36 $1\dfrac{1}{20}$

37 $1\dfrac{1}{30}$　　38 $1\dfrac{5}{8}$　　39 $1\dfrac{1}{9}$　　40 $1\dfrac{1}{4}$

41 $1\dfrac{5}{21}$　　　　42 $1\dfrac{7}{18}$ , $1\dfrac{31}{40}$

43 $1\dfrac{1}{16}$ , $1\dfrac{5}{21}$　　44 $1\dfrac{17}{50}$ , $1\dfrac{21}{160}$

45 $1\dfrac{53}{96}$ , $1\dfrac{5}{12}$　　46 $1\dfrac{3}{28}$ , $1\dfrac{5}{14}$

**마무리 연산 퍼즐** 결자해지

### ④ 받아올림이 있는 진분수의 덧셈 (2)　　6주 2일차

1 $1\dfrac{1}{6}$　　2 $1\dfrac{7}{12}$　　3 $1\dfrac{6}{35}$　　4 $1\dfrac{4}{9}$

5 $1\dfrac{26}{63}$　　6 $1\dfrac{19}{30}$　　7 $1\dfrac{1}{2}$　　8 $1\dfrac{7}{30}$

9 $1\dfrac{1}{3}$　　10 $1\dfrac{7}{20}$　　11 $1\dfrac{13}{20}$　　12 $1\dfrac{7}{20}$

13 $1\dfrac{13}{33}$　　14 $1\dfrac{19}{225}$　　15 $1\dfrac{2}{9}$　　16 $1\dfrac{7}{20}$

17 $1\dfrac{5}{21}$　　18 $1\dfrac{3}{8}$　　19 $1\dfrac{5}{12}$　　20 $1\dfrac{3}{14}$

21 $1\dfrac{8}{27}$　　22 $1\dfrac{12}{55}$　　23 $1\dfrac{1}{88}$　　24 $1\dfrac{27}{65}$

25 $1\dfrac{5}{18}$　　26 $1\dfrac{32}{75}$　　27 $1\dfrac{5}{22}$　　28 $1\dfrac{21}{50}$

29 $1\dfrac{11}{76}$　　30 $1\dfrac{3}{10}$　　31 $1\dfrac{67}{160}$　　32 $1\dfrac{1}{8}$

33 $1\dfrac{13}{270}$　　34 $1\dfrac{37}{150}$　　35 $1\dfrac{13}{84}$　　36 $1\dfrac{13}{320}$

37 $1\dfrac{8}{21}$　　38 $1\dfrac{29}{72}$　　39 $1\dfrac{19}{44}$　　40 $1\dfrac{11}{15}$

41 $1\dfrac{13}{33}$　　42 $1\dfrac{7}{30}$　　43 $1\dfrac{7}{60}$　　44 $1\dfrac{17}{39}$

45 $1\dfrac{29}{72}$　　46 $1\dfrac{1}{6}$

**마무리 연산 퍼즐** 3451

**5** 받아올림이 있는 진분수의 덧셈 (3)

1 $1\frac{1}{10}$  2 $1\frac{7}{12}$  3 $1\frac{5}{21}$  4 $1\frac{17}{40}$

5 $1\frac{1}{12}$  6 $1\frac{1}{22}$  7 $1\frac{23}{90}$  8 $1\frac{11}{21}$

9 $1\frac{7}{30}$  10 $1\frac{31}{72}$  11 $1\frac{29}{65}$  12 $1\frac{8}{15}$

13 $1\frac{17}{60}$  14 $1\frac{37}{120}$  15 $1\frac{17}{84}$  16 $1\frac{4}{9}$

17 $1\frac{3}{200}$  18 $1\frac{97}{245}$  19 $1\frac{53}{180}$  20 $1\frac{7}{24}$

21 $1\frac{37}{130}$  22 $1\frac{19}{36}$  23 $1\frac{7}{30}$  24 $1\frac{7}{22}$

25 $1\frac{5}{12}$  26 $1\frac{23}{210}$  27 $1\frac{15}{28}$  28 $1\frac{13}{50}$

29 $1\frac{1}{33}$  30 $1\frac{73}{144}$  31 $1\frac{13}{120}$  32 $1\frac{1}{36}$

33 $1\frac{9}{50}$  34 $1\frac{5}{143}$  35 $1\frac{89}{400}$  36 $1\frac{13}{90}$

37 $1\frac{73}{165}$  38 $1\frac{4}{15}$  39 $1\frac{33}{52}$  40 $1\frac{13}{144}$

41 $1\frac{3}{112}$  42 $1\frac{139}{299}$  43 $1\frac{1}{6}$  44 $1\frac{1}{60}$

45 $1\frac{8}{55}$  46 $1\frac{171}{200}$

47 (위에서부터) $1\frac{1}{12}$, $1\frac{1}{20}$

48 (위에서부터) $1\frac{1}{72}$, $1\frac{8}{45}$

49 (위에서부터) $1\frac{15}{34}$, $1\frac{41}{170}$

50 (위에서부터) $1\frac{4}{15}$, $1\frac{1}{6}$

마무리 연산 퍼즐

**6** 받아올림이 없는 대분수의 덧셈 (1) 6주 4일차

1 $5\frac{7}{10}$  2 $5\frac{7}{12}$  3 $3\frac{23}{24}$  4 $6\frac{16}{21}$

5 $6\frac{7}{18}$  6 $5\frac{7}{10}$  7 $4\frac{43}{63}$  8 $6\frac{19}{22}$

9 $4\frac{13}{21}$  10 $5\frac{23}{60}$  11 $7\frac{20}{21}$  12 $5\frac{111}{160}$

---

13 $4\frac{17}{28}$  14 $3\frac{59}{64}$  15 $5\frac{17}{30}$  16 $4\frac{17}{20}$

17 $3\frac{10}{21}$  18 $8\frac{7}{8}$  19 $3\frac{14}{15}$  20 $5\frac{13}{40}$

21 $4\frac{9}{10}$  22 $5\frac{5}{8}$  23 $9\frac{5}{6}$  24 $9\frac{1}{3}$

25 $5\frac{17}{24}$  26 $4\frac{23}{28}$  27 $4\frac{11}{18}$  28 $4\frac{11}{18}$

29 $8\frac{47}{56}$  30 $7\frac{35}{54}$  31 $8\frac{29}{32}$  32 $6\frac{37}{40}$

33 $5\frac{31}{36}$  34 $7\frac{69}{70}$  35 $5\frac{83}{123}$  36 $5\frac{51}{68}$

37 $5\frac{5}{6}$  38 $8\frac{11}{20}$  39 $4\frac{8}{9}$  40 $6\frac{1}{2}$

41 $3\frac{7}{15}$  42 $5\frac{41}{42}$  43 $8\frac{19}{24}$  44 $4\frac{47}{48}$

45 $8\frac{67}{78}$  46 $7\frac{47}{70}$

마무리 연산 퍼즐 (왼쪽에서부터) $4\frac{7}{12}$, $3\frac{13}{14}$, $3\frac{19}{24}$, $6\frac{11}{12}$, $5\frac{13}{18}$

**7** 받아올림이 없는 대분수의 덧셈 (2) 6주 5일차

1 $3\frac{8}{15}$  2 $3\frac{5}{8}$  3 $5\frac{7}{9}$  4 $6\frac{7}{10}$

5 $2\frac{5}{12}$  6 $6\frac{7}{12}$  7 $4\frac{31}{35}$  8 $3\frac{19}{22}$

9 $3\frac{7}{9}$  10 $6\frac{22}{27}$  11 $3\frac{10}{21}$  12 $6\frac{59}{84}$

13 $6\frac{71}{80}$  14 $7\frac{51}{110}$  15 $5\frac{4}{9}$  16 $5\frac{7}{8}$

17 $4\frac{11}{15}$  18 $3\frac{11}{18}$  19 $6\frac{19}{28}$  20 $6\frac{16}{21}$

21 $4\frac{19}{24}$  22 $2\frac{29}{33}$  23 $7\frac{11}{28}$  24 $3\frac{17}{30}$

25 $5\frac{59}{150}$  26 $7\frac{19}{26}$  27 $4\frac{37}{54}$  28 $5\frac{41}{60}$

29 $5\frac{59}{84}$  30 $2\frac{43}{48}$  31 $5\frac{7}{30}$  32 $9\frac{31}{42}$

33 $5\frac{43}{72}$  34 $6\frac{23}{32}$  35 $6\frac{35}{78}$  36 $7\frac{37}{48}$

37 $5\frac{3}{4}$  38 $6\frac{5}{14}$  39 $7\frac{2}{3}$  40 $3\frac{11}{26}$

41 (위에서부터) $5\frac{7}{12}$, $5\frac{32}{45}$, $7\frac{11}{18}$, $3\frac{41}{60}$

42 (위에서부터) $6\frac{13}{16}$, $9\frac{17}{30}$, $7\frac{19}{24}$, $8\frac{47}{80}$

43 (위에서부터) $3\frac{20}{27}$, $5\frac{23}{36}$, $3\frac{1}{2}$, $5\frac{95}{108}$

44 (위에서부터) $7\frac{13}{28}$, $5\frac{43}{56}$, $4\frac{5}{8}$, $8\frac{17}{28}$

**8 받아올림이 있는 대분수의 덧셈 (1)**  7주 1일차

1 $4\frac{1}{6}$  2 $6\frac{1}{28}$  3 $4\frac{7}{12}$  4 $8\frac{1}{6}$

5 $7\frac{9}{16}$  6 $6\frac{4}{27}$  7 $10\frac{11}{14}$  8 $6\frac{3}{10}$

9 $5\frac{27}{56}$  10 $5\frac{37}{75}$  11 $4\frac{8}{45}$  12 $7\frac{25}{66}$

13 $5\frac{1}{3}$  14 $4\frac{5}{56}$  15 $5\frac{13}{200}$  16 $4\frac{1}{10}$

17 $6\frac{5}{12}$  18 $7\frac{5}{18}$  19 $8\frac{3}{8}$  20 $5\frac{11}{24}$

21 $6\frac{13}{40}$  22 $4\frac{1}{56}$  23 $6\frac{7}{18}$  24 $9\frac{11}{16}$

25 $9\frac{7}{60}$  26 $4\frac{3}{14}$  27 $6\frac{1}{56}$  28 $6\frac{5}{18}$

29 $9\frac{1}{20}$  30 $10\frac{13}{60}$  31 $7\frac{17}{42}$  32 $7\frac{5}{16}$

33 $5\frac{23}{90}$  34 $9\frac{55}{108}$  35 $8\frac{9}{14}$  36 $8\frac{34}{75}$

37 $5\frac{1}{2}$  38 $6\frac{7}{20}$  39 $7\frac{5}{24}$  40 $9\frac{9}{20}$

41 $7\frac{28}{45}$  42 $5\frac{3}{56}$  43 $9\frac{7}{30}$  44 $7\frac{7}{22}$

45 $6\frac{3}{10}$  46 $8\frac{1}{3}$

마무리 연산 퍼즐  $30\frac{1}{3}$ g

**9 받아올림이 있는 대분수의 덧셈 (2)**  7주 2일차

1 $6\frac{1}{4}$  2 $5\frac{4}{15}$  3 $5\frac{7}{12}$  4 $6\frac{13}{24}$

5 $6\frac{7}{18}$  6 $8\frac{1}{3}$  7 $8\frac{7}{60}$  8 $3\frac{7}{26}$

9 $3\frac{9}{28}$  10 $9\frac{27}{110}$  11 $7\frac{43}{75}$  12 $7\frac{7}{24}$

13 $5\frac{11}{30}$  14 $6\frac{7}{48}$  15 $8\frac{69}{200}$  16 $4\frac{1}{10}$

17 $6\frac{1}{2}$  18 $3\frac{4}{9}$  19 $5\frac{17}{40}$  20 $9\frac{5}{18}$

21 $6\frac{13}{40}$  22 $8\frac{13}{72}$  23 $4\frac{11}{52}$  24 $8\frac{7}{36}$

25 $6\frac{29}{70}$  26 $7\frac{17}{48}$  27 $5\frac{43}{84}$  28 $5\frac{11}{35}$

29 $6\frac{1}{9}$  30 $9\frac{35}{48}$  31 $5\frac{19}{60}$  32 $4\frac{9}{16}$

33 $7\frac{29}{105}$  34 $6\frac{37}{108}$  35 $9\frac{89}{200}$  36 $6\frac{23}{80}$

37 $5\frac{3}{10}$  38 $4\frac{9}{28}$  39 $4\frac{5}{39}$  40 $6\frac{3}{14}$

41 $9\frac{11}{14}$  42 $9\frac{9}{80}$  43 $7\frac{17}{70}$  44 $6\frac{59}{84}$

45 $5\frac{11}{84}$  46 $9\frac{35}{48}$

**10 받아올림이 있는 대분수의 덧셈 (3)**  7주 3일차

1 $4\frac{1}{4}$  2 $4\frac{3}{35}$  3 $4\frac{2}{9}$  4 $5\frac{2}{33}$

5 $3\frac{17}{24}$  6 $6\frac{2}{5}$  7 $4\frac{11}{40}$  8 $7\frac{17}{28}$

9 $5\frac{25}{48}$  10 $3\frac{11}{36}$  11 $5\frac{3}{14}$  12 $9\frac{2}{15}$

13 $8\frac{1}{96}$  14 $5\frac{1}{20}$  15 $4\frac{37}{200}$  16 $8\frac{7}{12}$

17 $4\frac{29}{195}$  18 $3\frac{5}{24}$  19 $4\frac{43}{102}$  20 $6\frac{36}{77}$

21 $5\frac{7}{24}$  22 $6\frac{1}{3}$  23 $4\frac{5}{21}$  24 $4\frac{1}{3}$

25 $3\frac{5}{12}$  26 $6\frac{17}{24}$  27 $6\frac{19}{132}$  28 $8\frac{11}{34}$

29 $5\frac{7}{36}$  30 $4\frac{11}{20}$  31 $7\frac{4}{21}$  32 $3\frac{11}{34}$

33 $6\frac{65}{168}$  34 $4\frac{7}{16}$  35 $3\frac{9}{38}$  36 $6\frac{1}{30}$

37 $6\frac{9}{26}$  38 $4\frac{34}{77}$  39 $8\frac{1}{36}$  40 $12\frac{13}{30}$

41 $8\frac{11}{100}$  42 $6\frac{15}{32}$  43 $4\frac{13}{42}$  44 $7\frac{1}{9}$

45 $4\frac{29}{72}$  46 $6\frac{23}{66}$  47 $4\frac{1}{14}$, $4\frac{19}{40}$

48 $10\frac{1}{8}$, $6\frac{1}{33}$  49 $7\frac{1}{3}$, $9\frac{5}{48}$

50 $5\frac{1}{4}$, $11\frac{9}{20}$

마무리 연산 퍼즐  ③

**⑪ 진분수의 뺄셈 (1)**　　　　7주 4일차

1 $\frac{1}{6}$　2 $\frac{1}{42}$　3 $\frac{1}{8}$　4 $\frac{4}{15}$

5 $\frac{3}{20}$　6 $\frac{3}{20}$　7 $\frac{7}{18}$　8 $\frac{41}{90}$

9 $\frac{7}{10}$　10 $\frac{13}{40}$　11 $\frac{5}{8}$　12 $\frac{9}{32}$

13 $\frac{1}{6}$　14 $\frac{11}{35}$　15 $\frac{19}{60}$　16 $\frac{1}{56}$

17 $\frac{1}{12}$　18 $\frac{1}{10}$　19 $\frac{35}{99}$　20 $\frac{7}{12}$

21 $\frac{11}{24}$　22 $\frac{11}{27}$　23 $\frac{16}{33}$　24 $\frac{8}{45}$

25 $\frac{1}{12}$　26 $\frac{23}{40}$　27 $\frac{20}{39}$　28 $\frac{3}{14}$

29 $\frac{16}{75}$　30 $\frac{3}{20}$　31 $\frac{8}{25}$　32 $\frac{1}{2}$

33 $\frac{7}{60}$　34 $\frac{37}{90}$　35 $\frac{17}{52}$　36 $\frac{7}{54}$

37 $\frac{5}{32}$　38 $\frac{11}{70}$　39 $\frac{19}{66}$　40 $\frac{3}{20}$

41 (위에서부터) $\frac{1}{6}$, $\frac{2}{15}$

42 (위에서부터) $\frac{5}{14}$, $\frac{1}{8}$

43 (위에서부터) $\frac{3}{5}$, $\frac{7}{16}$

44 (위에서부터) $\frac{4}{9}$, $\frac{5}{12}$

**마무리 연산 퍼즐** 재호

---

21 $\frac{3}{8}$　22 $\frac{21}{65}$　23 $\frac{11}{60}$　24 $\frac{7}{22}$

25 $\frac{7}{26}$　26 $\frac{1}{4}$　27 $\frac{1}{14}$　28 $\frac{1}{20}$

29 $\frac{1}{72}$　30 $\frac{6}{35}$　31 $\frac{20}{117}$　32 $\frac{11}{72}$

33 $\frac{11}{60}$　34 $\frac{11}{28}$　35 $\frac{22}{39}$　36 $\frac{1}{14}$

37 $\frac{3}{10}$　38 $\frac{7}{12}$　39 $\frac{1}{6}$　40 $\frac{7}{20}$

41 $\frac{19}{33}$　　　　42 $\frac{7}{15}$, $\frac{11}{20}$

43 $\frac{3}{28}$, $\frac{1}{14}$, $\frac{5}{42}$　　44 $\frac{1}{6}$, $\frac{1}{27}$, $\frac{7}{36}$

45 $\frac{7}{55}$, $\frac{16}{65}$, $\frac{6}{25}$　　46 $\frac{3}{32}$, $\frac{5}{48}$, $\frac{19}{80}$

---

**⑬ 받아내림이 없는 대분수의 뺄셈 (1)**　　8주 1일차

1 $3\frac{1}{6}$　2 $1\frac{8}{21}$　3 $2\frac{3}{8}$　4 $3\frac{42}{65}$

5 $2\frac{17}{30}$　6 $5\frac{9}{14}$　7 $1\frac{13}{36}$　8 $6\frac{33}{140}$

9 $4\frac{11}{48}$　10 $3\frac{23}{42}$　11 $1\frac{13}{32}$　12 $1\frac{43}{60}$

13 $7\frac{25}{54}$　14 $2\frac{7}{16}$　15 $1\frac{23}{140}$　16 $4\frac{1}{20}$

17 $2\frac{1}{42}$　18 $1\frac{1}{6}$　19 $2\frac{7}{30}$　20 $5\frac{1}{10}$

21 $5\frac{1}{3}$　22 $1\frac{1}{2}$　23 $2\frac{3}{10}$　24 $3\frac{19}{36}$

25 $3\frac{17}{30}$　26 $2\frac{1}{2}$　27 $1\frac{29}{60}$　28 $6\frac{13}{21}$

29 $4\frac{23}{48}$　30 $3\frac{7}{16}$　31 $2\frac{43}{70}$　32 $4\frac{25}{42}$

33 $8\frac{11}{35}$　34 $4\frac{1}{2}$　35 $1\frac{13}{54}$　36 $2\frac{11}{60}$

37 $3\frac{1}{12}$　38 $3\frac{1}{10}$　39 $1\frac{5}{9}$　40 $4\frac{9}{28}$

41 $1\frac{3}{16}$　42 $6\frac{4}{9}$　43 $1\frac{17}{36}$　44 $6\frac{19}{42}$

45 $3\frac{14}{75}$

**마무리 연산 퍼즐** 홍유진

---

**⑫ 진분수의 뺄셈 (2)**　　　　7주 5일차

1 $\frac{1}{30}$　2 $\frac{1}{4}$　3 $\frac{5}{18}$　4 $\frac{5}{24}$

5 $\frac{1}{16}$　6 $\frac{11}{25}$　7 $\frac{9}{14}$　8 $\frac{31}{90}$

9 $\frac{1}{3}$　10 $\frac{7}{52}$　11 $\frac{1}{16}$　12 $\frac{43}{180}$

13 $\frac{17}{36}$　14 $\frac{5}{48}$　15 $\frac{19}{90}$　16 $\frac{1}{18}$

17 $\frac{4}{21}$　18 $\frac{3}{8}$　19 $\frac{8}{15}$　20 $\frac{1}{4}$

**1** $4\frac{3}{14}$　　**2** $2\frac{3}{40}$　　**3** $3\frac{3}{8}$　　**4** $2\frac{19}{60}$

**5** $3\frac{1}{14}$　　**6** $4\frac{17}{44}$　　**7** $5\frac{7}{30}$　　**8** $1\frac{5}{24}$

**9** $3\frac{11}{72}$　　**10** $3\frac{5}{84}$　　**11** $4\frac{11}{36}$　　**12** $4\frac{19}{50}$

**13** $1\frac{8}{45}$　　**14** $2\frac{31}{72}$　　**15** $3\frac{1}{60}$　　**16** $2\frac{2}{15}$

**17** $2\frac{1}{8}$　　**18** $1\frac{19}{63}$　　**19** $3\frac{3}{4}$　　**20** $4\frac{3}{16}$

**21** $3\frac{4}{21}$　　**22** $2\frac{3}{8}$　　**23** $4\frac{9}{52}$　　**24** $3\frac{3}{16}$

**25** $1\frac{13}{42}$　　**26** $4\frac{25}{84}$　　**27** $6\frac{8}{15}$　　**28** $3\frac{5}{22}$

**29** $5\frac{17}{54}$　　**30** $4\frac{5}{84}$　　**31** $2\frac{9}{26}$　　**32** $1\frac{4}{33}$

**33** $5\frac{1}{18}$　　**34** $3\frac{13}{100}$　　**35** $5\frac{41}{150}$　　**36** $2\frac{5}{44}$

**37** $2\frac{3}{8}$　　**38** $4\frac{11}{21}$　　**39** $1\frac{1}{8}$　　**40** $4\frac{13}{36}$

**41** $2\frac{5}{21}$　　　　**42** $3\frac{4}{65}, 3\frac{9}{20}$

**43** $3\frac{21}{50}, 2\frac{11}{60}$　　**44** $2\frac{3}{28}, 3\frac{1}{2}$

**45** $2\frac{1}{100}, 5\frac{6}{25}$　　**46** $2\frac{13}{40}, 3\frac{1}{6}$

**마무리 연산 퍼즐** (위쪽에서부터) $1\frac{7}{24}, 4\frac{11}{18}, 3\frac{7}{30}, 2\frac{45}{91}$

**1** $2\frac{8}{15}$　　**2** $\frac{7}{8}$　　**3** $3\frac{1}{2}$　　**4** $4\frac{17}{21}$

**5** $2\frac{7}{16}$　　**6** $1\frac{34}{35}$　　**7** $3\frac{5}{12}$　　**8** $1\frac{56}{99}$

**9** $2\frac{9}{14}$　　**10** $2\frac{19}{20}$　　**11** $1\frac{5}{6}$　　**12** $1\frac{35}{48}$

**13** $1\frac{59}{84}$　　**14** $6\frac{38}{45}$　　**15** $4\frac{45}{56}$　　**16** $2\frac{11}{12}$

**17** $1\frac{32}{35}$　　**18** $2\frac{11}{12}$　　**19** $1\frac{3}{10}$　　**20** $\frac{37}{39}$

**21** $2\frac{7}{16}$　　**22** $\frac{5}{6}$　　**23** $3\frac{11}{20}$　　**24** $4\frac{3}{4}$

**25** $2\frac{11}{14}$　　**26** $1\frac{43}{60}$　　**27** $4\frac{7}{9}$　　**28** $1\frac{31}{65}$

**29** $2\frac{23}{39}$　　**30** $1\frac{43}{48}$　　**31** $\frac{7}{10}$　　**32** $3\frac{7}{18}$

**33** $5\frac{25}{42}$　　**34** $1\frac{13}{16}$　　**35** $3\frac{39}{56}$　　**36** $1\frac{43}{45}$

**37** $1\frac{5}{6}$　　**38** $4\frac{5}{6}$　　**39** $1\frac{31}{44}$　　**40** $2\frac{37}{63}$

**41** $\frac{3}{4}$　　**42** $3\frac{7}{18}$　　**43** $1\frac{7}{12}$　　**44** $5\frac{5}{9}$

**45** $4\frac{39}{44}$　　**46** $1\frac{67}{78}$

**1** $2\frac{13}{18}$　　**2** $1\frac{5}{9}$　　**3** $\frac{17}{20}$　　**4** $1\frac{65}{84}$

**5** $2\frac{61}{70}$　　**6** $1\frac{35}{36}$　　**7** $3\frac{41}{48}$　　**8** $4\frac{7}{12}$

**9** $\frac{47}{56}$　　**10** $3\frac{13}{16}$　　**11** $1\frac{1}{2}$　　**12** $2\frac{7}{36}$

**13** $2\frac{89}{105}$　　**14** $2\frac{44}{45}$　　**15** $3\frac{15}{28}$　　**16** $1\frac{1}{2}$

**17** $2\frac{15}{28}$　　**18** $\frac{7}{8}$　　**19** $3\frac{7}{10}$　　**20** $2\frac{25}{36}$

**21** $3\frac{27}{28}$　　**22** $2\frac{41}{48}$　　**23** $4\frac{17}{30}$　　**24** $1\frac{19}{24}$

**25** $\frac{11}{16}$　　**26** $1\frac{81}{91}$　　**27** $5\frac{8}{9}$　　**28** $2\frac{41}{60}$

**29** $3\frac{25}{34}$　　**30** $3\frac{7}{15}$　　**31** $1\frac{51}{100}$　　**32** $3\frac{32}{33}$

**33** $2\frac{19}{42}$　　**34** $2\frac{44}{45}$　　**35** $3\frac{57}{70}$　　**36** $5\frac{69}{100}$

**37** $1\frac{7}{8}$　　**38** $2\frac{23}{30}$　　**39** $3\frac{26}{35}$　　**40** $\frac{3}{4}$

**41** $1\frac{68}{75}$　　**42** $\frac{7}{12}$　　**43** $2\frac{2}{9}$　　**44** $4\frac{23}{26}$

**45** $2\frac{1}{2}$　　**46** $5\frac{29}{63}$

## ⑰ 받아내림이 있는 대분수의 뺄셈 (3)   8주 5일차

1 $2\frac{8}{15}$   2 $\frac{29}{36}$   3 $1\frac{10}{21}$   4 $\frac{4}{9}$

5 $3\frac{9}{14}$   6 $\frac{7}{36}$   7 $\frac{7}{10}$   8 $2\frac{23}{42}$

9 $\frac{23}{32}$   10 $1\frac{23}{56}$   11 $\frac{22}{39}$   12 $2\frac{19}{24}$

13 $3\frac{69}{140}$   14 $4\frac{107}{144}$   15 $4\frac{5}{8}$   16 $1\frac{13}{21}$

17 $1\frac{19}{40}$   18 $2\frac{31}{38}$   19 $1\frac{19}{42}$   20 $2\frac{11}{45}$

21 $2\frac{25}{66}$   22 $2\frac{5}{6}$   23 $2\frac{5}{12}$   24 $1\frac{17}{20}$

25 $3\frac{17}{21}$   26 $3\frac{19}{36}$   27 $3\frac{37}{54}$   28 $4\frac{83}{100}$

29 $1\frac{8}{15}$   30 $\frac{13}{50}$   31 $2\frac{53}{88}$   32 $2\frac{23}{50}$

33 $4\frac{9}{16}$   34 $3\frac{7}{20}$   35 $1\frac{59}{132}$   36 $\frac{5}{12}$

37 $3\frac{11}{28}$   38 $4\frac{7}{18}$   39 $3\frac{33}{70}$   40 $1\frac{32}{45}$

41 $1\frac{31}{34}$   42 $2\frac{23}{68}$   43 $4\frac{5}{8}$   44 $1\frac{64}{99}$

45 $4\frac{23}{42}$   46 $3\frac{19}{25}$   47 $1\frac{29}{50}, 1\frac{5}{6}$

48 $\frac{61}{96}, \frac{17}{35}$   49 $4\frac{7}{24}, \frac{61}{112}$

50 $3\frac{29}{60}, 1\frac{23}{39}$

마무리 연산 퍼즐

## ⑱ 분수의 덧셈과 뺄셈 계산의 크기 비교   9주 1일차

1 >   2 >   3 <   4 >
5 <   6 <   7 >   8 <
9 >   10 <   11 <   12 =
13 >   14 <   15 <   16 >
17 >   18 >   19 <   20 >
21 <   22 <   23 >   24 >
25 >   26 <   27 >   28 >
29 >   30 <   31 <   32 >
33 >   34 <   35 >   36 <

마무리 연산 퍼즐 ③

## 단원 마무리 연산   9주 2일차

1 $\frac{19}{24}$   2 $\frac{23}{36}$   3 $\frac{47}{60}$   4 $\frac{37}{40}$

5 $1\frac{3}{20}$   6 $1\frac{1}{2}$   7 $1\frac{1}{24}$   8 $1\frac{13}{24}$

9 $1\frac{3}{14}$   10 $5\frac{5}{8}$   11 $6\frac{11}{35}$   12 $5\frac{31}{36}$

13 $6\frac{14}{15}$   14 $7\frac{3}{20}$   15 $6\frac{7}{12}$   16 $6\frac{13}{72}$

17 $8\frac{1}{12}$   18 $5\frac{5}{27}$   19 $\frac{1}{3}$   20 $\frac{3}{25}$

21 $\frac{19}{36}$   22 $\frac{9}{14}$   23 $\frac{1}{2}$   24 $\frac{7}{24}$

25 $\frac{21}{110}$   26 $2\frac{21}{40}$   27 $2\frac{3}{10}$   28 $3\frac{1}{48}$

29 $3\frac{3}{14}$   30 $5\frac{17}{40}$   31 $6\frac{3}{22}$   32 $5\frac{7}{16}$

33 $4\frac{13}{20}$   34 $3\frac{7}{9}$   35 $3\frac{7}{20}$   36 $2\frac{23}{24}$

37 $2\frac{37}{42}$   38 $4\frac{133}{135}$   39 $\frac{47}{72}$   40 $\frac{29}{40}$

41 $1\frac{13}{18}$   42 $5\frac{23}{24}$   43 $6\frac{7}{30}$   44 $7\frac{31}{126}$

45 $\frac{3}{4}$   46 $4\frac{1}{7}$   47 $3\frac{17}{20}$   48 $5\frac{5}{12}$

49 $\frac{7}{8}+\frac{3}{4}=1\frac{5}{8}, 1\frac{5}{8}$ L

50 $3\frac{5}{9}-1\frac{7}{12}=1\frac{35}{36}, 1\frac{35}{36}$ kg

51 $1\frac{3}{10}+1\frac{4}{15}=2\frac{17}{30}, 2\frac{17}{30}$ m

교과서 **다각형의 둘레와 넓이**

### ① 정다각형의 둘레
9주 3일차

| | | |
|---|---|---|
| **1** 18 | **2** 24 | **3** 28 |
| **4** 5, 15 | **5** 9, 18 | **6** 6, 30 |
| **7** 4, 32 | **8** 3, 15 | **9** 8, 24 |
| **10** 28 cm | **11** 27 cm | **12** 15 cm |
| **13** 48 cm | **14** 36 cm | **15** 40 cm |
| **16** 66 cm | **17** 76 cm | **18** 50 cm |
| **19** 56 cm | **20** 84 cm | **21** 64 cm |
| **22** 66 cm | **23** 120 cm | **24** 100 cm |
| **25** 17 | **26** 14 | **27** 12 |
| **28** 12 | **29** 7 | **30** 18 |
| **31** 23 | **32** 16 | |

마무리 연산 퍼즐 근주자적

### ② 사각형의 둘레
9주 4일차

| | | |
|---|---|---|
| **1** 10, 10, 34 | | **2** 36 |
| **3** 8, 8, 38 | | **4** 24 |
| **5** 6, 6, 28 | | **6** 9, 44 |
| **7** 38 | **8** 56 | **9** 94 |
| **10** 46 | **11** 72 | **12** 74 |
| **13** 52 | **14** 68 | **15** 20 |
| **16** 44 | **17** 64 | **18** 96 |
| **19** 22 cm | **20** 36 cm | **21** 48 cm |
| **22** 68 cm | **23** 64 cm | **24** 86 cm |
| **25** 80 cm | **26** 74 cm | **27** 28 cm |
| **28** 60 cm | **29** 84 cm | **30** 104 cm |

### ③ 직사각형의 넓이
9주 5일차

| | | |
|---|---|---|
| **1** 6, 54 | **2** 3, 9 | **3** 22, 330 |
| **4** 8, 64 | **5** 14, 280 | **6** 15, 225 |
| **7** 84 cm$^2$ | **8** 144 cm$^2$ | **9** 374 cm$^2$ |
| **10** 105 cm$^2$ | **11** 162 cm$^2$ | **12** 80 cm$^2$ |
| **13** 90 cm$^2$ | **14** 224 cm$^2$ | **15** 300 cm$^2$ |
| **16** 286 cm$^2$ | **17** 45 cm$^2$ | **18** 112 cm$^2$ |
| **19** 180 cm$^2$ | **20** 480 cm$^2$ | **21** 400 cm$^2$ |
| **22** 16 cm$^2$ | **23** 25 cm$^2$ | **24** 256 cm$^2$ |
| **25** 100 cm$^2$ | **26** 324 cm$^2$ | **27** 144 cm$^2$ |
| **28** 625 cm$^2$ | **29** 576 cm$^2$ | **30** 441 cm$^2$ |
| **31** 81 cm$^2$ | **32** 169 cm$^2$ | **33** 400 cm$^2$ |

### ④ 평행사변형의 넓이
10주 1일차

| | | |
|---|---|---|
| **1** 7, 56 | **2** 8, 32 | **3** 9, 144 |
| **4** 13, 117 | **5** 19, 228 | **6** 6, 30 |
| **7** 35 cm$^2$ | **8** 195 cm$^2$ | **9** 220 cm$^2$ |
| **10** 140 cm$^2$ | **11** 48 cm$^2$ | **12** 210 cm$^2$ |
| **13** 63 cm$^2$ | **14** 525 cm$^2$ | **15** 165 cm$^2$ |
| **16** 320 cm$^2$ | **17** 28 cm$^2$ | **18** 54 cm$^2$ |
| **19** 120 cm$^2$ | **20** 240 cm$^2$ | **21** 270 cm$^2$ |

**22** $7 \times 6 = 42$, 42 cm$^2$

**23** $9 \times 12 = 108$, 108 cm$^2$

**24** $5 \times 14 = 70$, 70 cm$^2$

**25** $8 \times 7 = 56$, 56 cm$^2$

**26** $14 \times 11 = 154$, 154 cm$^2$

**27** $5 \times 21 = 105$, 105 cm$^2$

**28** $10 \times 4 = 40$, 40 cm$^2$

**29** $19 \times 24 = 456$, 456 cm$^2$

마무리 연산 퍼즐

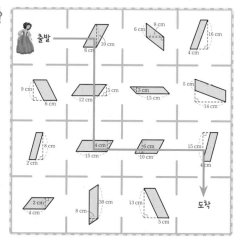

| | | |
|---|---|---|
| **1** 5, 20 | **2** 8, 36 | **3** 6, 12 |
| **4** 5, 2, 20 | **5** 7, 42 | **6** 13, 2, 130 |
| **7** 63 cm$^2$ | **8** 48 cm$^2$ | **9** 40 cm$^2$ |
| **10** 45 cm$^2$ | **11** 63 cm$^2$ | **12** 121 cm$^2$ |
| **13** 78 cm$^2$ | **14** 54 cm$^2$ | **15** 52 cm$^2$ |
| **16** 50 cm$^2$ | **17** 60 cm$^2$ | **18** 80 cm$^2$ |
| **19** 49 cm$^2$ | **20** 105 cm$^2$ | **21** 198 cm$^2$ |

**22** $12 \times 6 \div 2 = 36$, 36 cm$^2$

**23** $9 \times 8 \div 2 = 36$, 36 cm$^2$

**24** $6 \times 13 \div 2 = 39$, 39 cm$^2$

**25** $18 \times 7 \div 2 = 63$, 63 cm$^2$

**26** $9 \times 4 \div 2 = 18$, 18 cm$^2$

**27** $11 \times 12 \div 2 = 66$, 66 cm$^2$

**28** $14 \times 5 \div 2 = 35$, 35 cm$^2$

**29** $10 \times 36 \div 2 = 180$, 180 cm$^2$

**마무리 연산 퍼즐** (왼쪽에서부터) 14 cm$^2$, 300 cm$^2$, 44 cm$^2$, 72 cm$^2$

| | | |
|---|---|---|
| **1** 8, 36 | **2** 6, 21 | **3** 7, 42 |
| **4** 10, 2, 40 | **5** 10, 45 | **6** 8, 2, 60 |
| **7** 32 cm$^2$ | **8** 75 cm$^2$ | **9** 117 cm$^2$ |
| **10** 144 cm$^2$ | **11** 44 cm$^2$ | **12** 154 cm$^2$ |
| **13** 192 cm$^2$ | **14** 140 cm$^2$ | **15** 144 cm$^2$ |
| **16** 36 cm$^2$ | **17** 40 cm$^2$ | **18** 27 cm$^2$ |
| **19** 68 cm$^2$ | **20** 286 cm$^2$ | **21** 140 cm$^2$ |

**22** $10 \times 5 \div 2 = 25$, 25 cm$^2$

**23** $6 \times 6 \div 2 = 18$, 18 cm$^2$

**24** $13 \times 10 \div 2 = 65$, 65 cm$^2$

**25** $18 \times 8 \div 2 = 72$, 72 cm$^2$

**26** $24 \times 15 \div 2 = 180$, 180 cm$^2$

**27** $16 \times 9 \div 2 = 72$, 72 cm$^2$

**28** $20 \times 11 \div 2 = 110$, 110 cm$^2$

**29** $13 \times 14 \div 2 = 91$, 91 cm$^2$

| | | |
|---|---|---|
| **1** 4, 32 | **2** 5, 40 | **3** 18, 243 |
| **4** 3, 27 | **5** 10, 115 | **6** 7, 91 |
| **7** 63 cm$^2$ | **8** 88 cm$^2$ | **9** 208 cm$^2$ |
| **10** 90 cm$^2$ | **11** 189 cm$^2$ | **12** 56 cm$^2$ |
| **13** 154 cm$^2$ | **14** 90 cm$^2$ | **15** 105 cm$^2$ |
| **16** 162 cm$^2$ | **17** 72 cm$^2$ | **18** 138 cm$^2$ |
| **19** 56 cm$^2$ | **20** 169 cm$^2$ | **21** 240 cm$^2$ |

**22** $(4+7) \times 10 \div 2 = 55$, 55 cm$^2$

**23** $(14+16) \times 3 \div 2 = 45$, 45 cm$^2$

**24** $(5+11) \times 5 \div 2 = 40$, 40 cm$^2$

**25** $(2+9) \times 14 \div 2 = 77$, 77 cm$^2$

**26** $(4+9) \times 6 \div 2 = 39$, 39 cm$^2$

**27** $(5+10) \times 12 \div 2 = 90$, 90 cm$^2$

**28** $(18+6) \times 7 \div 2 = 84$, 84 cm$^2$

**29** $(22+26) \times 5 \div 2 = 120$, 120 cm$^2$

| | | |
|---|---|---|
| **1** 20 cm | **2** 68 cm | **3** 56 cm |
| **4** 84 cm | **5** 88 cm | **6** 48 cm$^2$ |
| **7** 140 cm$^2$ | **8** 442 cm$^2$ | **9** 121 cm$^2$ |
| **10** 529 cm$^2$ | **11** 54 cm$^2$ | **12** 238 cm$^2$ |
| **13** 120 cm$^2$ | **14** 575 cm$^2$ | **15** 780 cm$^2$ |
| **16** 40 cm$^2$ | **17** 104 cm$^2$ | **18** 216 cm$^2$ |
| **19** 168 cm$^2$ | **20** 270 cm$^2$ | **21** 28 cm$^2$ |
| **22** 96 cm$^2$ | **23** 162 cm$^2$ | **24** 200 cm$^2$ |
| **25** 323 cm$^2$ | **26** 56 cm$^2$ | **27** 81 cm$^2$ |
| **28** 252 cm$^2$ | **29** 180 cm$^2$ | **30** 520 cm$^2$ |

**31** 예 $(12+9) \times 2 = 42$, 42 cm

**32** $20 \times 13 \div 2 = 130$, 130 cm$^2$

**33** $6 \times 3 = 18$, 18 cm$^2$